Meike Aissen-Crewett

Praxis der tänzerischen Bewegung

Eine Anleitung für die Arbeit mit Kindern bis zu Senioren

Meike Aissen-Crewett

Praxis der tänzerischen Bewegung

Eine Anleitung für die Arbeit mit Kindern bis zu Senioren

verlag modernes lernen - Dortmund

© 2000 verlag modernes lernen, Borgmann KG, D-44139 Dortmund

Gesamtherstellung: Löer Druck GmbH, Dortmund

Bestell-Nr. 1187					ISBN 3-8080-0467-3

Urheberrecht beachten!
Alle Rechte der Wiedergabe, auch auszugsweise und in jeder Form, liegen beim Verlag. Mit der Zahlung des Kaufpreises verpflichtet sich der Eigentümer des Werkes, unter Ausschluß des § 53, 1-3, UrhG., keine Vervielfältigungen, Fotokopien, Übersetzungen, Mikroverfilmungen und keine elektronische, optische Speicherung und Verarbeitung, auch für den privaten Gebrauch oder Zwecke der Unterrichtsgestaltung, ohne schriftliche Genehmigung durch den Verlag anzufertigen. Er hat auch dafür Sorge zu tragen, daß dies nicht durch Dritte geschieht.

Zuwiderhandlungen werden strafrechtlich verfolgt und berechtigen den Verlag zu Schadenersatzforderungen.

Inhalt

Vorwort	9
Teil A: Grundlagen	11
1. Die Dimensionen des Tanzes	13
Raum	13
Zeit	18
Energie	19
Das Körper als tänzerisches Bewegungsinstrument	20
Die Sprache des Tanzes	21
2. Die Bedeutung des Tanzes für die Menschwerdung	23
3. Körperliche Entwicklung und tänzerische Bewegung	27
4. Evaluierung der tänzerischen Fähigkeiten	45
Raumbildung	45
Darstellung und Kommunikation	46
Komposition	47
Körperbeherrschung	48

Teil B: Anregungen für tänzerische Übungen	49
Körperbewußtsein	50
Lektion 1: Körperwahrnehmung, Körperbeherrschung, Körpergewicht	50
Lektion 2: Bewegen von Körperteilen	51
Lektion 3: Marionetten: Körperteile an imaginären Fäden	53
Spuren und Formen	55
Lektion 4: Die Spur der Bewegungsreise auf der Fläche	56
Lektion 5: Die Spur der Körperbewegung im dreidimensionalen Raum	58
Lektion 6: Dünne und Flachheit	59
Lektion 7: Geometrische Form und Transformation	63
Raum	65
Lektion 8: Tänzerische Bewegung auf kleinem Raum	65
Lektion 9: Gewöhnung an einen größeren Raum	66
Lektion 10: Zwischenräume, Hohlräume	68

Soziale Interaktion:
Tänzerische Bewegung mit anderen 70
Lektion 11: Der persönliche Raum; das
               Miteinanderteilen von Raum 71
Lektion 12: Miteinander sich bewegen im Körperkontakt 71
Lektion 13: Führen und Folgen 73
Lektion 14: Gewicht fühlen; Kraft in Bewegung 75
Lektion 15: Tänzerischer Kampf 79

Schwerelosigkeit 80
Lektion 16: Leichtigkeit spüren und darstellen 80
Lektion 17: Entwicklung einer leichten Bewegungsphrase 81
Lektion 18: Bewegung und Rhythmus 83

Linien und Struktur; Dimensionen 83
Lektion 19: Horizontalität 84
Lektion 20: Vertikalität 85
Lektion 21: Nach innen und nach außen gerichtete Formen 89
Lektion 22: Umfassende und umfaßte Formen 91

Tänzerische Umsetzung von Beobachtungen 94
Lektion 23: Pflanzen beobachten und darstellen 94
Lektion 24: Ballspiele beobachten und darstellen 96

Ton, Sprache, Stimme und Bewegung 97
Lektion 25: Der Körper als Klanginstrument 97
Lektion 26: Stimmliche und sprachliche Begleitung 98

Beziehung herstellen 100
Lektion 27: Tänzerisch-körperliche Arbeit mit
               Gegenständen: Blöcke 100
Lektion 28: Fokussieren mit dem Auge 102

Musik und Tanz 104
Lektion 29: Klänge und Akkorde tänzerisch umgesetzt 104
Lektion 30: Takt, Rhythmus, Tonfolge und Bewegung 105

Bewegungsabläufe 107
Lektion 31: Übergänge 107
Lektion 32: Die Bewegungen von Elstern 108
Lektion 33: Arme und ihre Verlängerung 110
Lektion 34: Richtungen 111

Tänzerische Bewegung in der Gruppe   112
Lektion 35: Statische versus bewegte Gruppe   112
Lektion 36: Bewegungsabläufe in der Gruppe   115
Lektion 37: Formgebung mittels der Gruppe   117

Technik   120
Lektion 38: Fahrrad   120
Lektion 39: Magnetismus   122

Wasser, Meer, Wind, Sturm, Sand, Strand   124
Lektion 40: Wasser   124
Lektion 41: Meer, Wind, Sand, Strand   125

Literatur   130

Vorwort

Dieses Buch möchte eine leicht verständliche Einführung in die tänzerische Bewegung geben, die in der Praxis leicht umsetzbar ist. Die Darstellung wendet sich an einen weiten Leser- und Nutzerkreis: an Eltern, Erzieherinnen und Erzieher, Lehrerinnen und Lehrer, Sozialpädagoginnen und -pädagogen, Gruppenleiterinnen und leiter, Gemeindearbeiterinnenn und -arbeiter, Jugendarbeiterinnen und -arbeiter, Altenbetreuerinnen und -betreuer – kurz also an alle, die erkannt haben, dass tänzerische Bewegung für Menschen, beginnend vom Kleinkind bis zu Senioren, so natürlich und unabdingbar ist wie das Wasser für Fische.

Diese praktische Anleitung setzt keinerlei Kenntnisse oder Erfahrung mit dem Tanz voraus. Die Darstellung möchte mitten hinein in die Praxis führen. Nicht zuletzt die 200 Abbildungen sollen dazu beitragen, dass die Anregungen in der Praxis gerade auch von den im Tanz und der tänzerischen Bewegung nicht Ausgebildeten und darin Unerfahrenen mühelos umgesetzt werden können. Der gelegentliche Gebrauch des „du" bei den Beschreibungen der Übungen ist aus der Intention zu verstehen, dass sich die Anweisungen unmittelbar an die Teilnehmer wenden.

Auch wenn die *Praxis* der tänzerischen Bewegung im Vordergrund dieser Darstellung steht, so kann doch auf eine knappe *theoretische Grundlegung* nicht verzichtet werden. In Teil A werden deshalb die Dimensionen des Tanzes (Raum, Zeit, Energie, Körper als tänzerisches Bewegungsinstrument, Sprache des Tanzes) ebenso erörtert wie die Bedeutung des Tanzes für die Menschwerdung, der Zusammenhang zwischen körperlicher Entwicklung und tänzerischer Bewegung sowie die Evaluierung tänzerischer Fähigkeiten.

Im Zentrum der Darstellung stehen in Teil B ganz praktische Anleitungen zu tänzerischen Bewegungen. Diese beziehen sich auf Bereiche wie Körperbewusstsein; Spuren und Form; Raum; soziale Interaktion (tänzerische Bewegung mit anderen); Schwerelosigkeit; Linien und Struktur sowie Dimensionen; tänzerische

Umsetzung von Beobachtungen; Ton, Sprache, Stimme und Bewegung; Beziehung herstellen; Musik und Tanz; Bewegungsabläufe; tänzerische Bewegung in der Gruppe; Technik; Wasser, Meer, Wind, Sturm, Sand und Strand.

Teil A
Grundlagen

1. Die Dimensionen des Tanzes

Tanzen ist multidimensional, umfasst vor allem die Dimensionen von Raum und Zeit. Diese und andere Dimensionen sollen nachstehend kurz vorgestellt werden.

Raum

Beim Tanz macht die Bewegung des Körpers den Raum sichtbar und damit vermittelbar. Der Körper ist dreidimensional und durch ihn erhält der Tanz Raumvolumen. Der Raum hat zwar auch in anderen Gebieten des Curriculums seinen Platz: in der Geometrie oder im Fach Kunst. Aber in der Geometrie spielt sich Raum lediglich in zweidimensionaler Form auf dem Papier ab. Im Fach Kunst gewinnt Raum zwar in Gestalt von Tonarbeiten und Skulpturen Dreidimensionalität, aber lediglich in einer feststehenden, statischen Form. Erst im Tanz gewinnt Raum seine Wandelbarkeit, seine Flexibilität, seine Unerschöpflichkeit – und ist so erst wirklich erfahrbar.

Im Tanz kann das Formen des Raumes mittels des Körpers erlebt werden. Raum kann als Masse, als Projektion, als Spannung erfahren werden. Tänzerische Bewegungen im gleichsam „gefrorenen" Stillstand sind wie Plastiken (Abb. 1).

Abb. 1

Ein Tänzer, der durch den Raum „reist", erschafft eine Spur im Raum: mit seinen Füßen auf dem Boden wie auch mit seinen Körperbewegungen in der Luft. Der Zuschauer kann der Fortbewegung des Körpers auf der Horizontale wie der Vertikale im Raum folgen (Abb. 2).

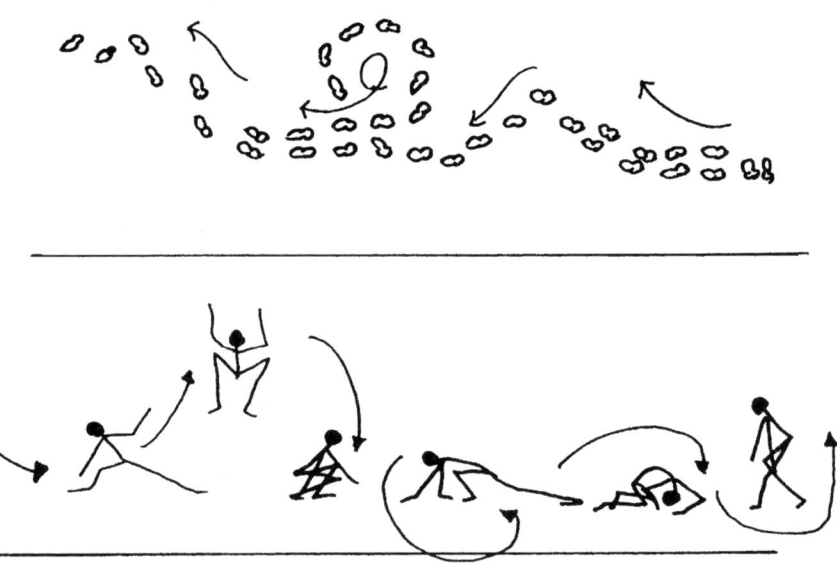

Abb. 2

Der Raum kann mit der Energie des Körpers erfüllt werden, so wie die Energie zwischen den Polen eines Magneten körperlich gespürt werden kann. Diese Energie kann durch tänzerische Bewegungen erschaffen werden, die ihre Spannung in den Raum abstrahlt (Abb. 3).

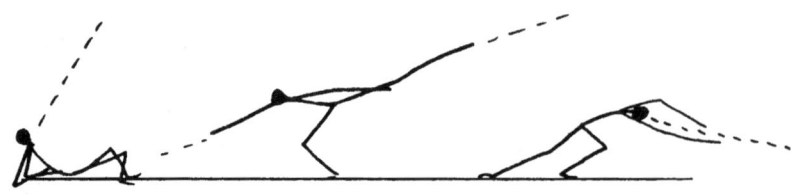

Abb. 3

Eine Energiespannung kann auch zwischen zwei Körpern aufgebaut werden (Abb. 4).

Abb. 4

oder zwischen einem Körper und einem Gegenstand (Abb. 5).

Abb. 5

oder zwischen zwei Personengruppen (Abb. 6).

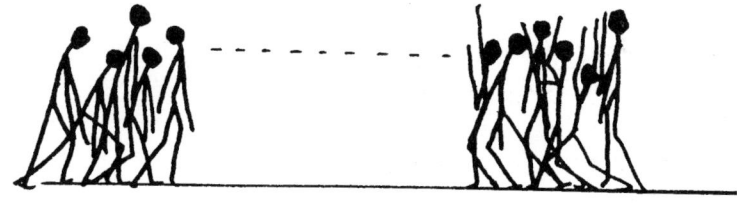

Abb. 6

Raum kann begrenzt, eingefangen, festgehalten, ja sogar gleichsam in den Arm genommen und liebkost werden. Um ein Zentrum herum zu tanzen, bedeutet, einen ständigen Kontakt mit diesem Zentrum zu halten, es räumlich einzukreisen. Den Raum mit der Hand zu „schöpfen", ihn mit der Hand zu umschließen, bedeutet, ihn zu schützen oder ihn gefangen zu halten. Ein gekrümmter Arm kann den Raum einfangen, ein sich ausbreitender Arm öffnet den Raum und entlässt ihn gleichsam in die Leere (Abb. 7).

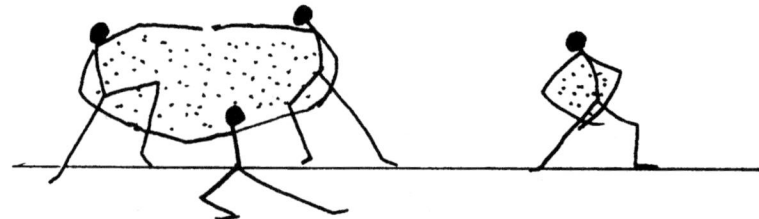

Abb. 7

Durch Körperbewegungen kann das Volumen des Raumes beschrieben werden: er kann gequetscht oder zusammengedrückt werden (Abb. 8).

Abb. 8

Wie der Raum im alltäglichen Leben ist auch der tänzerische Raum normalerweise von mehr als einem Tänzer erfüllt. Tänzer können ihren Raum abgrenzen; der Raum zwischen ihnen kann isoliert sein (Abb. 9)

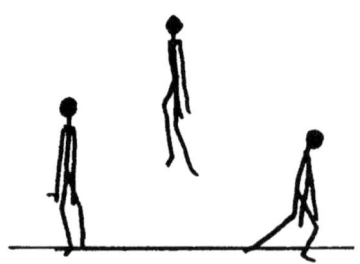

Abb. 9

Die Räume der Tänzer können sich aber auch überschneiden (Abb. 10).

Abb. 10

Raum kann durch mehrere Tänzer eng begrenzt werden (Abb. 11)

Abb. 11

oder weit gezogen werden (Abb. 12).

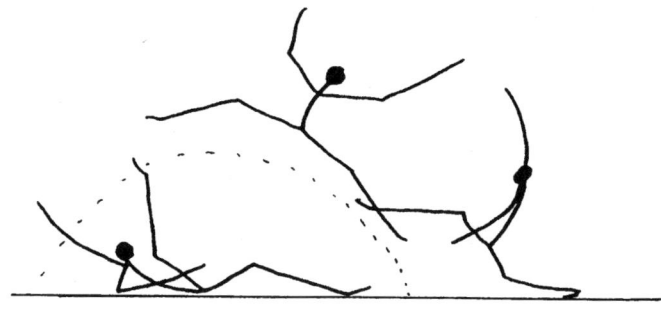

Abb. 12

Zeit

Die tänzerische Bewegung ordnet Zeit und macht Eigenschaften von Zeit wie Dauer, Geschwindigkeit und Sequenz sichtbar. Das Wesen des Tanzes besteht nicht darin, dass er Zeit benötigt, sondern Zeit *formt*. Die Zeitdauer erhält Bedeutung durch die Art und Weise, wie sich der Körper bewegt, sowie durch die zeitliche Komplexität des Rhythmus.

Die Verdichtung von Zeit kann dadurch gekennzeichnet werden, dass Sequenzen rasch aufeinanderfolgen oder Tänzer gleichzeitig in unterschiedlichen Aktionen agieren oder dass tänzerische Aktionen in eine kurze Zeit zusammengedrängt werden. Die Zeit kann dadurch gestreckt und verlängert werden, dass Körperbewegungen und Gesten langsam ausgeführt, gleichsam gedehnt werden.

Tänzerische Bewegung heißt nicht ständige Aktivität. Wie in der Musik so ist auch bei der tänzerischen Bewegung die Pause ein wichtiges Strukturelement der Zeit. Pausen von einer bedachten Länge im Kontext der tänzerischen Arbeit tragen zur Spannung bei. Das Anhalten der Bewegung in der erstarrten Pose entfaltet eine eigentümliche Energie. Stille in der Musik und im Tanz erzeugt Spannung und lenkt Aufmerksamkeit auf sich. Ein in der Bewegung erstarrter Körper bedeutet in sich gebündelte und gesammelte Energie, deren Freisetzung in der folgenden Bewegung um so aufmerksamer und intensiver wahrgenommen wird.

Zeit bedeutet beim Tanz Zeitablauf, bedeutet die Sequenz von Körperbewegungen. Der Tänzer erfährt und stellt den Zeitablauf dadurch dar, dass er ihn mit einer Sequenz von Bewegungen erfüllt. Dabei wird die Reihenfolge der Bewegungen entsprechend dem Inhalt und der Struktur des Tanzes geordnet. Die Abfolge von tänzerischen Bewegungen macht den Ablauf von Zeit sichtbar. Die Beziehung zwischen Vergangenheit und Zukunft kann in einer einzigen Bewegungsphrase ausgedrückt werden, indem der Tänzer den Raum durchmisst und durch entsprechende Körperhaltungen das Lösen von der Vergangenheit (Abb. 13a) über den Übergang über die Gegenwart (Abb. 13b) bis zur Zuwendung in die Zukunft (Abb. 13c) markiert.

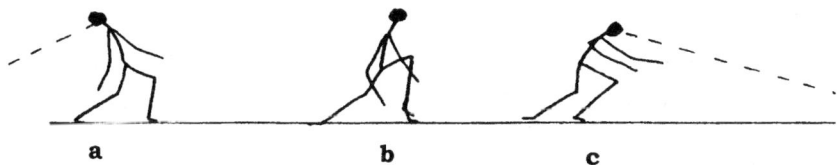

a   b   c

Abb. 13

Energie

Energie steht für die Kraft, die bewirkt, dass der Körper sich bewegt. Energie steht aber auch für die Ausstrahlung der Kraft und Macht des Körpers und des Ich. Der Körper ist das tänzerische Instrument, und die Bewegung dieses Instruments machen Struktur und Form für die Sinne verfügbar. Die Bewegung findet ihre Kraft in der Körperenergie.

Energie muss eingesetzt werden, beherrscht und gerichtet durch Fähigkeiten, Fertigkeiten, Techniken, Einstellung, Willen, Emotion. Im Tanz dient eine solche Beherrschung dazu, die Energie frei zu setzen, um hierdurch bedeutungsvolle Bilder zu schaffen. Der Tänzer lernt, diese Energie wirkungsvoll einzusetzen. Diese Beherrschung basiert auf einem Verschmelzen von körperlicher und imaginativer Energie.

Tanz wird durch die Energie des Körpers wirklich. Darin liegt die Kraft, die Macht des Tanzes. Diese Vitalität ist ein machtvolles Medium, sie ist eine ursprüngliche Kraft und bildete in den frühen Kulturen einen wesentlichen Teil der als magisch, spirituell, transzendental empfundenen Wirklichkeit. Diese physische Aktivität stellte ein Mittel des Menschen dar, sich selbst und seine Welt zu beherrschen und zu verstehen. Auch wenn der Tanz für uns heute diese magische Wirkung zu einem wesentlichen Teil eingebüßt hat, wohnt dem Tanz noch immer die Kraft der Energie inne, wie sich leicht in Diskotheken beobachten lässt.

Aber körperliche und imaginative Energie dürfen nicht gleichgesetzt werden. Zu versuchen, einen Schrank *tatsächlich* wegzurücken, ist etwas ganz anderes als in einer tänzerischen Bewegung *darzustellen*, einen solchen schweren Gegenstand *imagina-*

tiv zu verschieben. Die Teilnehmer können diesen Unterschied dadurch erfahren und darstellen, dass sie zunächst einen schweren Stein hoch heben, dann ein Blatt Papier und schließlich noch einmal das Blatt Papier, wobei sie so tun, als sei das Papier der schwere Stein. So erfahren sie die Schwere in der Realität und in der Imagination. Etwas *tatsächlich* heben und schieben ist also etwas anderes als das Heben und Schieben in der Imagination, als das *Vorgeben* von Schieben und Heben. In dem einen Falle bedeutet Energie die tatsächliche Kraft, die erforderlich ist, um einen schweren Gegenstand tatsächlich zu schieben und zu heben. In dem anderen Falle bedeutet Energie die Kraft der *Imagination*, also die Fähigkeit, einen fiktiven schweren Gegenstand mittels der *Darstellung* des Hebens und Schiebens in der Phantasie des Zuschauers zu bewegen.

Der Körper als tänzerisches Bewegungsinstrument

Raum und Zeit des Tanzes erhalten Form und Bedeutung durch die körperliche Bewegung. Dabei wird der Körper oft als Antithese zum Geist verstanden. Diese dualistische Sichtweise betrachtet den Geist als etwas dem Körper Überlegenes. Aber dabei wird verkannt, dass auch der Körper denkt. Wie aber denkt der Tänzer? Einen Tanz theoretisch auf dem Papier zu entwerfen, ist in der Regel weder praktisch noch möglich. Vielmehr ist es notwendig, über Form und Rhythmus der Bewegung nachzudenken, indem man seine eigenen Körperbewegungen oder die von anderen einsetzt. Eine Bewegung wie die Geste einer Hand kann eine Vielfalt von Bedeutungen mitteilen. Tänzerische Bewegung kann ebenso Ausdruck von Denken sein wie es Denken auslösen kann. Die Akzeptanz der tänzerischen Bewegung als Denkprozess bedeutet, dass das Lehren des Tanzes zugleich auch eine Förderung des Denkens impliziert. Bezogen auf den Tanz meint Denken die Fähigkeit, ein Problem zu beurteilen, Ausdrucksmittel zu bestimmen und zu gestalten, Verbindungen zu erkennen und herzustellen, Entscheidungen zu treffen, Urteile abzugeben, Lösungen zu finden.

Die Sprache des Tanzes

Gesten und Körperhaltungen stellen Äußerungen des Fühlens und Denkens dar, auch wenn sie nicht immer als solche bewusst geplant oder verstanden werden, sind sie doch oft eher instinktiv. Das Verschränken der Arme vor der Brust signalisiert in der Regel eine das eigene Ich schützende Abwehrhaltung: anderen wird der Zugang verwehrt. Ausgebreitete, offen Arme hingegen signalisieren Offenheit gegenüber anderen. Eine aufsteigende Bewegung steht für Erhebung und Schwerelosigkeit, eine sinkende Bewegung für die Schwere und Erdanziehung. Schnelle Bewegungen können Energie, Aktivität, Erregung signalisieren, langsame Bewegungen Ruhe, Überlegtheit, Müdigkeit, Kontemplation.

Tanz kann sich in Symbolen äußern, die hinsichtlich ihres Bedeutungsgehalts festgelegt sind. In rituellen Tänzen, vor allem des fernen Ostens (Indien, Thailand) gibt es eine festgelegte Formensprache, in der schon die kleinste Biegung der Hand oder die Stellung der Finger eine klare festgelegte Bedeutung hat. Ähnliches gilt für die mimischen Aktionen der *Commedia dell' Arte*. Tänzerische Bewegung, wie sie in diesem Buch verstanden werden, sind an solche fixierte Bedeutungen aber gerade nicht gebunden.

2. Die Bedeutung des Tanzes für die Menschwerdung

Welche Bedeutung hat Tanz für die Menschwerdung? Dies soll anhand einiger allgemeiner pädagogischer Aussagen in Parallelsetzung zu dem möglichen Beitrag des Tanzes zur Erreichung von Zielen verdeutlicht werden, die für die Menschwerdung förderlich sind.

Ziel: Sich selbst, seine Fähigkeiten und Grenzen, Gefühle und Gedanken kennen zu lernen.

Beitrag des Tanzes: Tanzen hat immer mit der eigenen Subjektivität zu tun. Der Körper ist ein Instrument des Ausdrucks; die tänzerische Darstellung ist immer die Präsentation des Ichs. Dies alles unter Einsatz der körperlichen und technischen Fertigkeiten sowie der Entfaltung von Imagination und Kreativität. Tanz dient dazu, Gefühle und Vorstellungen öffentlich zu machen.

Ziel: Gefühle und Vorstellungen, Erfahrungen und Standpunkte anderer, die von den eigenen abweichen können, zu erkennen und wertzuschätzen.

Beitrag des Tanzes: Tanz ist eine soziale Kunstform und hat als solche mit dem Teilen und Mitteilen von Gefühlen und Vorstellungen zu tun. Die Wertschätzung des Tanzes und der Arbeit anderer Künstler bringt Menschen in Kontakt mit ähnlichen wie auch mit differierenden Ansichten und Interpretationen.

Ziel: Zu lernen, Entscheidungen nach dem persönlichen Urteil und dem mit anderen geteilten Urteil zu fällen.

Beitrag des Tanzes: Tanz hat zu tun mit Entscheidungen über die Wahl

- eines Ausgangspunkts,
- der darzustellenden Vorstellungen,

- des Bewegungsvokabulars,
- der Entscheidung darüber, ob man alleine oder mit anderen tanzt (und im letzteren Falle mit der Entscheidung über deren tänzerische Fähigkeiten),
- der Form der Präsentation.

Ziel: Zu lernen, Verantwortung für das Treffen einer Wahl und das Treffen einer Entscheidung zu übernehmen.

Beitrag des Tanzes: Tanz erfordert

- eine sensible soziale Interaktion und Selbstvertrauen;
- Wissen darüber, wann man die Führung übernehmen oder sich der Führung anderer anvertrauen sollte, wann man andere unterstützen oder sich selbst helfen lassen sollte;
- Verpflichtung gegenüber anderen und der gemeinsamen Arbeit;
- die Fähigkeit, Gefühle und Vorstellungen zu erfassen und tänzerisch umzusetzen;
- eine positive und tolerante Einstellung gegenüber anderen;
- Verantwortung für die Mittänzer und das ganze Projekt.

Ziel: Zu lernen, wie man Fertigkeiten und Kenntnisse erwirbt, um die eben diskutierte Verantwortung zu übernehmen.

Beitrag des Tanzes: Tanz stellt Anforderungen an

- die Fähigkeit, zu beachten, zu erkennen, zu untersuchen;
- die Fähigkeit, Ressourcen einzusetzen;
- die Fähigkeit, tänzerische Darstellungsfähigkeiten und -techniken zu erwerben und zu praktizieren;
- die Fähigkeit, zu improvisieren und innovativ zu sein;
- die Fähigkeit, sich auf tänzerische Komposition zu verstehen.

Ziel: Die physische Welt und die Welt der Gefühle und Vorstellungen zu beachten und auf sie zu reagieren, sie zu hinterfragen und wertzuschätzen, sie zu schützen und vielleicht auch zu verbessern.

Beitrag des Tanzes: Tanz liefert die Möglichkeit,

- Gefühle, Vorstellungen und Erfahrungen zu erkunden, zu teilen und mitzuteilen;
- Form zu untersuchen und zu interpretieren;
- nach Bedeutung in der Form zu suchen, sie zu ordnen und zu akzentuieren;
- Reaktionen auf die Umwelt in einer kommunizierbaren Form zu formulieren und zum Ausdruck zu bringen;
- Form zu erschaffen; sich der Beziehung zwischen Form und Funktion bewusst zu werden;
- eine ästhetische Wertschätzung für Form zu erkennen und zu entwickeln.

3. Körperliche Entwicklung und tänzerische Bewegung

Tanz zu lehren, setzt voraus, sich über die Entwicklung der Körperbeherrschung im Klaren zu sein. Dabei ist gerade die Entwicklung des Kleinkindes von Bedeutung.

Bis 3 Jahre

In diesem Zeitraum interessiert allein die Frage der Körperbeherrschung, irgendwelche Unterweisungen im Tanzen sollten hier noch keinen Platz haben. Dennoch ist dieser Zeitraum wichtig für die späteren Entwicklungsmöglichkeiten in Bezug auf tänzerische Bewegung. Auch in der späteren tänzerischen Unterweisung sollte man die Entwicklungsstufen der Körperbeherrschung „im Hinterkopf" haben. Die nachstehende Entwicklungsskizze macht den Versuch einer Systematisierung. Keineswegs soll dieses Entwicklungsmuster aber als eine feststehende Leitlinie angesehen werden, an der sich die Entwicklung der Körperbeherrschung gleichsam sklavisch auszurichten hat. Immer sind Abweichungen hiervon erkennbar, die keinesfalls als Alarmzeichen für eine angeblich abnorme Entwicklung verstanden werden dürfen.

Ende des ersten Monats

Bei der Geburt kann das Neugeborene seinen Kopf drehen und kann seine Gliedmaßen bewegen. Es zeigt starke Saugbewegungen, mit seinen Händen fasst es bereits fest zu.

Ende des ersten Monats

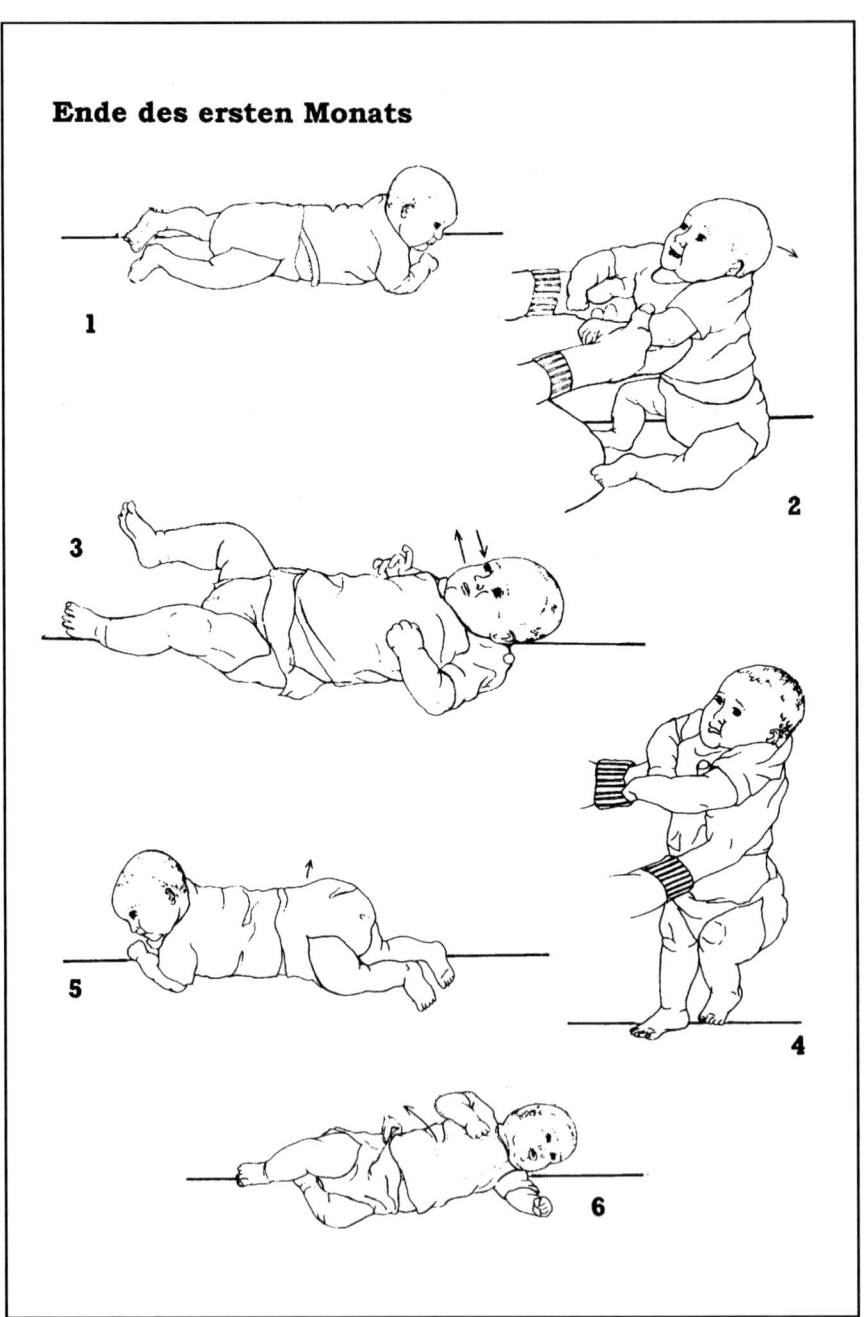

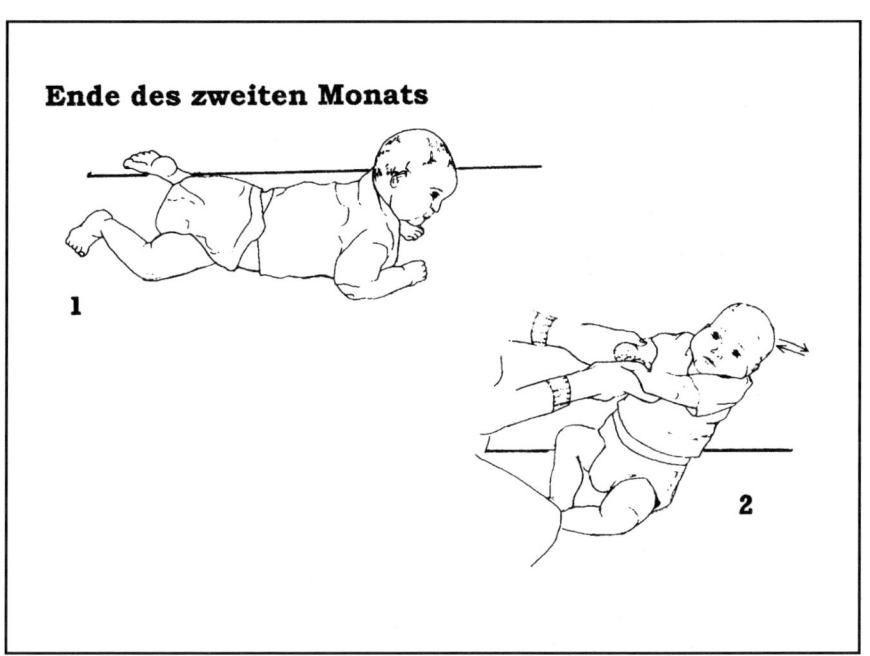

Ende des zweiten Monats

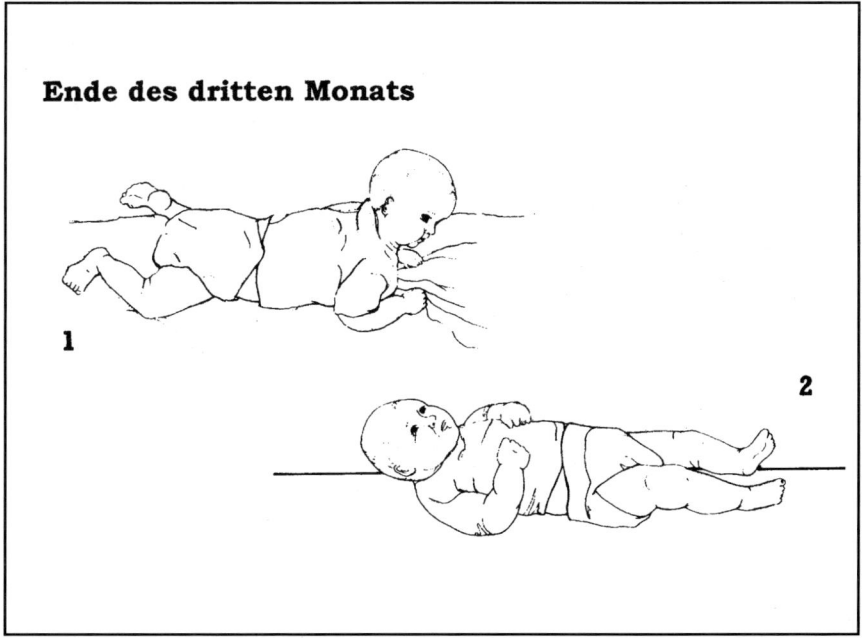

Ende des dritten Monats

Zeichnung 1 zeigt das Kind auf dem Bauch liegend; es kann seinen Kopf leicht anheben.

Zeichnung 2 zeigt, wie das Kind sitzend gehalten wird; seinen Kopf kann es in dieser Position halten und ihn leicht anheben.

Zeichnung 3 zeigt das Kind in Rückenlage beim Beugen und Strecken seiner Arme und Beine und Drehen seines Kopfes von einer auf die andere Seite.

Zeichnung 4 zeigt einen Gehreflex. Das Kind beugt und streckt abwechselnd seine Knie, wenn es mit seiner Fußsohle auf dem Boden gehalten wird.

Zeichnung 5 zeigt das Kind in Bauchlage beim Heben seines Kopfes sowie seines Beckens, dem Anwinkeln seiner Beine und dem Aufstützen seiner Knie, um krabbelnde Bewegungen zu machen, ohne dass es sich allerdings schon vorwärts bewegen könnte.

Zeichnung 6 zeigt das Kind, wie es sich aus der Seitenlage auf den Rücken wälzt, oft verbunden mit einer intensiven Unterstützung der Kopfbewegung und eines Biegens des Rückens.

Ende des zweiten Monats

Zeichnung 1 zeigt das Kind in Bauchlage, wobei es seinen Kopf ca. 45 Grad hebt und seinen Oberkörper auf seine Unterarme schiebt.

Zeichnung 2 zeigt das Kind, in einer Sitzposition gehalten, mit schwankendem Kopf und einem zum Stützen und Halten noch nicht ausreichend kräftigen Rücken.

Ende des dritten Monats

Zeichnung 1 zeigt das Kind in Bauchlage bei einem intensiven Einsatz seiner Hände. In diesem Alter ist es weiterhin fähig, andere Körperteile zu bemerken und zu berühren, wie vor allem die Füße. Es kann Gegenstände, die ihm gereicht werden, festhalten. Es kann seinen Kopf heben, wenn es sitzend gehalten wird.

Zeichnung 2 zeigt das Kind in Rückenlage, wie es seine Beine ausstreckt.

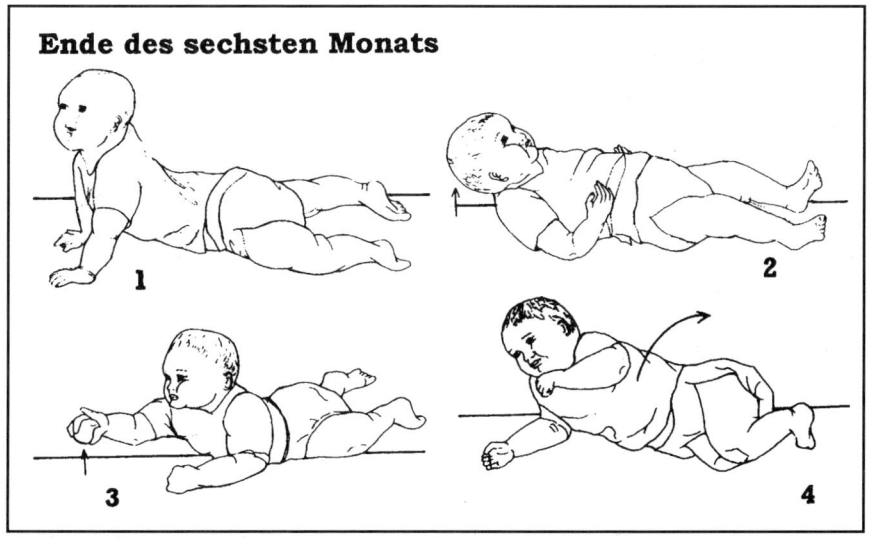

Ende des vierten Monats

Zeichnung 1 zeigt, dass das Kind seinen Oberkörper auf den Ellbogen hochheben und seinen Kopf in eine Position von 90 Grad bringen kann.

Zeichnung 2 zeigt, wie sich das Kind vom Rücken auf die Seite drehen kann. Beim Sitzen kann es nun seinen Rücken aufrecht halten, auch wenn diese Haltung noch nicht sehr stabil ist. Seinen Kopf kann es nun ohne jede Hilfe halten und heben.

Ende des fünften Monats

Zeichnung 1 zeigt, dass das Kind mit flach aufgestützten Händen seinen Oberkörper kräftig vom Boden wegheben kann. In diesem Alter ist es in der Lage, Gegenstände gezielt zu ergreifen.

Zeichnung 2 zeigt, wie das Kind sich selbständig auf dem Brustkorb halten und dabei Kopf und Extremitäten von Boden entfernt halten kann. In diesem Stadium ist das Kind in der Lage, all seine Glieder zu bewegen und alle Körperteile zu erkunden.

Ende des sechsten Monats

Zeichnung 1 zeigt, dass das Kind nun seinen Oberkörper voll auf die ausgestreckten Arme und Hände stützen kann, wobei dieses Aufrichten durch den nach hinten gebogenen Kopf und durch den Nacken kraftvoll unterstützt wird.

Zeichnung 2 zeigt, wie das Kind in Rückenlage seinen Kopf aufgrund der verstärkten Bauchmuskulatur nach oben und nach vorne heben kann. In diesem Stadium kann das Kind mit Hilfe stehen, zumeist auf den Zehenspitzen.

Zeichnung 3 zeigt, wie das Kind in Bauchlage mit einer Hand Gegenstände anfasst und aufhebt, wobei es mit der anderen Hand und dem Arm seinen Oberkörper aufstützt und nach oben biegt.

Zeichnung 4 zeigt, wie das Kind sich von der Bauchlage auf den Rücken dreht.

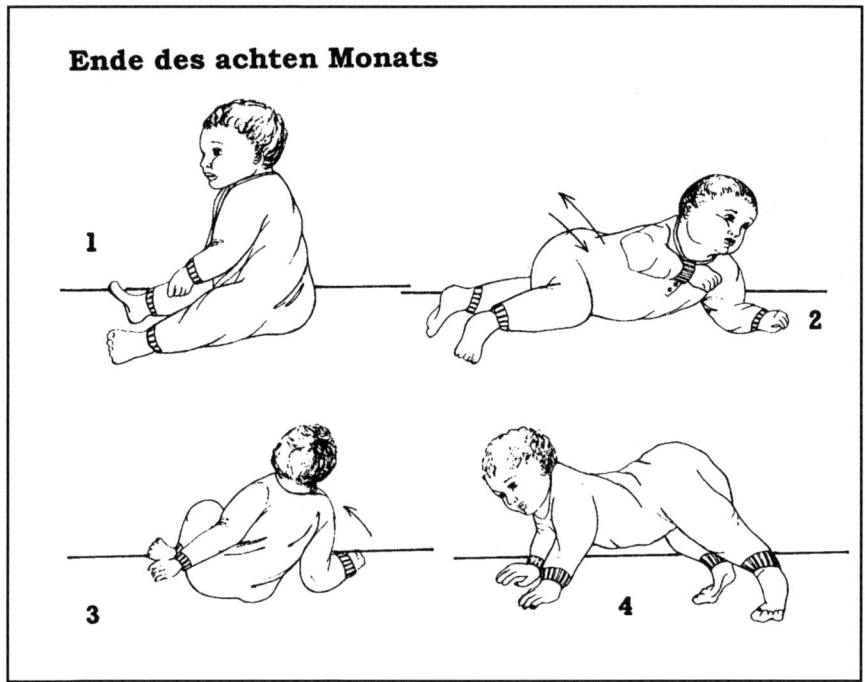

Ende des siebten Monats

Zeichnung 1 zeigt, wie das Kind ohne jede Hilfestellung von außen sich aufsetzen und sitzen kann. Dabei berühren die Hände oft die Sitzfläche, um die Stabilität und Balance zu sichern.

Zeichnung 2 zeigt, dass das Kind sich vom Rücken auf den Bauch rollen kann. Oft gehen diesem Vorgang wiegende und schaukelnde Bewegungen voraus.

Zeichnung 3 zeigt das Fallenlassen von Gegenständen in Sitzstellung.

Ende des achten Monats

Zeichnung 1 zeigt, dass das Kind seine Muskulatur so weit beherrscht, dass es ohne jede Unterstützung, auch nicht durch seine eigenen Hände, allein aufrecht sitzen kann.

Zeichnung 2 zeigt, dass das Kind sich in beide Richtungen rollen kann.

Zeichnung 3 zeigt, dass das Kind sich allein von der Liegeposition in die Sitzposition bewegen kann.

Zeichnung 4 zeigt, wie das Kind aus der Bauchlage sich durch Gewichtsverlagerung auf Arme und Beine nach oben stützen kann. In diesem Stadium kann das Kind sich auch in Rückenlage mittels der Füße und Rückenbewegungen oder in Bauchlage mittels Schwimmbewegungen im Kreise drehen.

Ende des neunten Monats

Zeichnung 1 zeigt, wie das Kind mittels Abstoßbewegungen der Füße und der Hände vorwärts und rückwärts zu krabbeln beginnt, oft zunächst rückwärts.

Zeichnung 2 zeigt, wie das Kind, sich an Möbeln und Menschen festhaltend, aufrichtet, wobei das Becken nach außen geschoben wird. Das Ganze ist von einem häufigen Fallen begleitet.

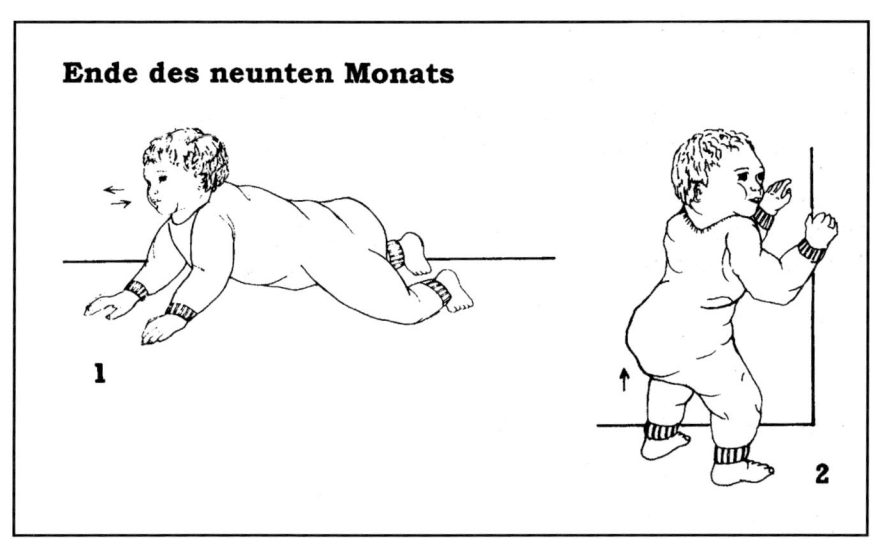

Ende des elften Monats

Zeichnung 1 zeigt erste Laufversuche des Kindes, indem es sich festhält.

Zeichnung 2 zeigt den „Bärengang", das Laufen auf Händen und Füßen.

Zeichnung 3 zeigt, wie das Kind einen Ball (oder einen anderen Gegenstand) hält und wirft.

Ende des zwölften Monats

Zeichnung 1 zeigt, dass das Kind, sich mit lediglich einer Hand an einem Erwachsenen festhaltend laufen kann. Das Kind ist nun in der Lage, zu sitzen, sich in alle Richtungen zu rollen, zu krabbeln, herumzurutschen, zu stehen.

Zeichnung 2 zeigt, dass sich das Kind bücken und beugen kann, um einen Gegenstand aufzuheben.

Ende des fünfzehnten Monats

Zeichnung 1 zeigt, dass das Kind auf einer flachen Grundlage ohne Hilfe laufen kann, wobei die Arme (wohl zur Balance) ausgestreckt sind.

Zeichnung 2 zeigt, wie das Kind auf allen vieren eine Treppe hochsteigt.

Ende des achtzehnten Monats

Zeichnung 1 zeigt, wie das Kind an der Hand eines Erwachsenen aufrecht eine Treppe hochsteigt.

Zeichnung 2 zeigt, wie das Kind auf der Fläche rennt. In diesem Stadium kann das Kind auf beiden Füßen (zusammen) springen, ein Spielzug hinter sich herziehen, rückwärts gehen und einen Ball mit dem Fuß wegstoßen.

Ende des zwölften Monats

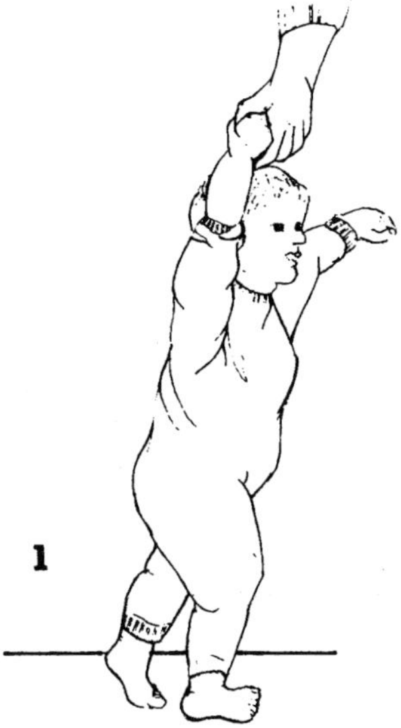

1

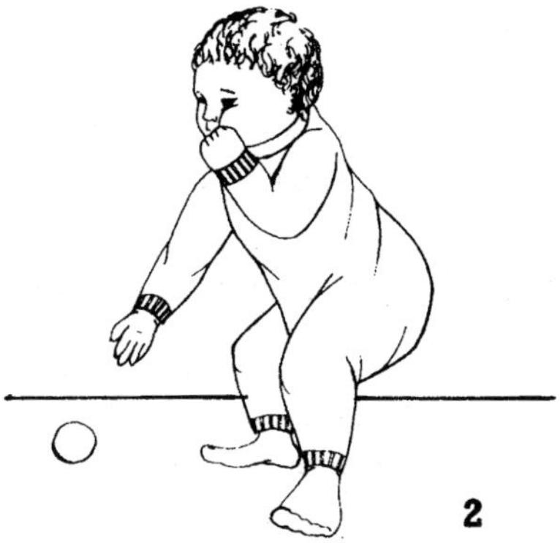

2

Ende des fünfzehnten Monats

1

2

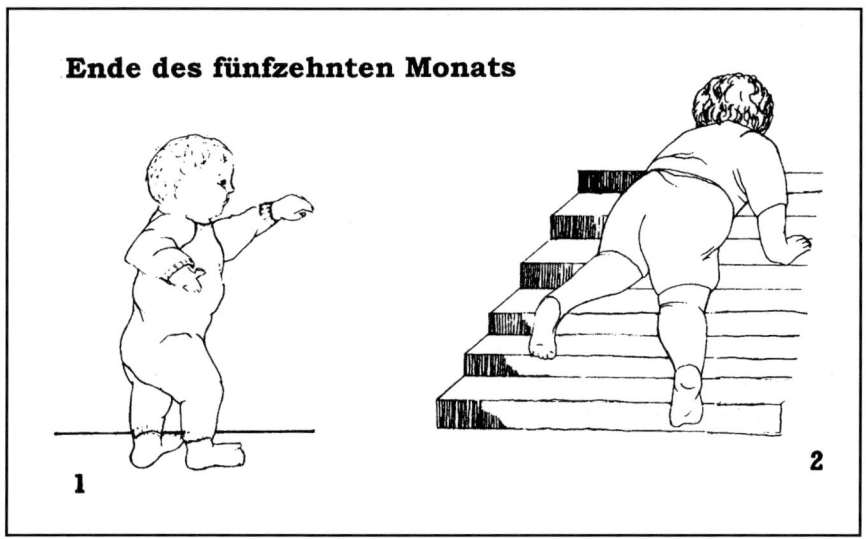

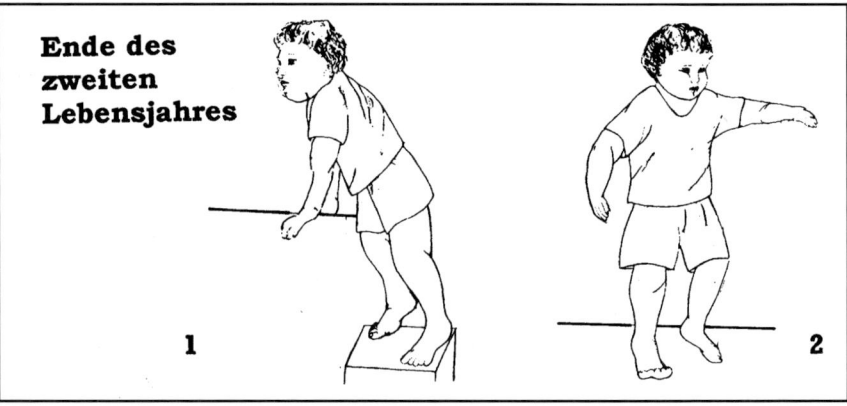

Ende des zweiten Lebensjahres

Zeichnung 1 zeigt das Kind beim Klettern.

Zeichnung 2 zeigt das Kind beim „Tanzen". Das Kind ist nunmehr in der Lage, auf beiden Füßen – zusammen – zu springen, Treppen hinauf und hinunter zu gehen, schnell zu rennen und zu hüpfen.

Endes des dritten Lebensjahres

Zeichnung 1 zeigt, dass das Kind auf einem Fuß springen kann. Das Gleichgewicht wird nun sicher gehalten. Das Kind springt, hüpft; beim Laufen und Rennen schwingen die Arme gleichmäßig.

Zeichnung 2 zeigt, dass das Kind die Bewegungen beim Dreiradfahren koordinieren kann.

3 bis 5 Jahre

Erst ab dem Alter von drei Jahren lässt sich sinnvollerweise eine Beziehung zwischen der Fähigkeit zur Körperbeherrschung und der Fähigkeit zur tänzerischen Bewegung herstellen. Die Relation zwischen diesen beiden Faktoren soll im folgenden aufgezeigt werden.

Fähigkeit zur Körperbeherrschung:
Kinder sind in der Lage, Form und Qualität der Bewegung als durch das Kind gesteuert zu erleben. Der Fußboden ist nun nicht mehr eine weit entfernte Welt, auf die man bei unsicheren Gehversuchen stürzt, sondern wird als Teil der beherrschbaren Umgebung des Körpers erfahren.

Auswirkung auf die Fähigkeit zur tänzerischen Bewegung:
Gehen und Anhalten, sich schnell und langsam zu bewegen, Spuren zu ziehen und Formen zu bilden, all diese Aktivitäten sind Teil des alltäglichen Verhaltens. Kinder erkennen, dass zwischen Tanz und alltäglicher Bewegung kein substantieller Unterschied besteht. Die alltäglichen Bewegungen können in kleine tänzerische Übungen integriert werden.

5 bis 6 Jahre

Fähigkeit zur Körperbeherrschung:
Kinder beginnen, ihre Körperbeherrschung aktiv zu gebrauchen, sie können einzelne Körperteile gezielt einsetzen, indem sie z.B. zur Fortbewegung Gliedmaßen ausstrecken, Gewicht verlagern usw.

Auswirkung auf die Fähigkeit zur tänzerischen Bewegung:
Kinder sind in der Lage, Entscheidungen hinsichtlich der Dauer, Richtung, Ort und Geschwindigkeit von tänzerischen Bewegungen zu treffen. Sie sind in der Lage, Kontraktion und Extension, Zusammenziehung und Streckung in Bezug auf die Gliedmaßen und die Körperform zu verstehen und gezielt einzusetzen.

6 Jahre

Fähigkeit zur Körperbeherrschung:
Kinder sind in der Lage, den Einfluss von Kraft und Geschwindigkeit auf die Formgestaltung des Körpers zu erkennen und diese entsprechend einzusetzen. Sie sind in der Lage, durch Zusammenziehungen und Streckungen das Körpergleichgewicht zu halten. Sie sind in der Lage, an Körperhaltungen zu arbeiten und sich an diese zu erinnern.

Auswirkung auf die Fähigkeit zur tänzerischen Bewegung:
Kinder sind in der Lage, die Wirkung von Bewegung auf den Raum in einfachen Übungen zu verstehen; sie haben eine Vorstellung von horizontal und vertikal und können die Übergänge und Variationen zwischen diesen beiden Dimensionen manipulieren. Sie beginnen, die Beziehung zwischen Entfernung und Geschwindigkeit zu verstehen. Sie sind in der Lage, Bewegungen von Klängen und Musik in tänzerische Körperbewegungen umzusetzen.

7 Jahre

Fähigkeit zur Körperbeherrschung:
Kinder verfügen über eine große Bandbreite von kontrollierten Körperbewegungen. Sie sind in der Lage, Bewegungen anderer zu beobachten und eine kurze Sequenz nachzuahmen sowie sie anderen zu beschreiben und zu erklären.

Auswirkung auf die Fähigkeit zur tänzerischen Bewegung:
Kinder sind sich ihres eigenen Körperraums sowie der Tatsache bewusst, dass dieser sich von dem umfassenden allgemeinen Raum unterscheidet. Sie sind in der Lage, zu erkennen, dass der Raum mit den eigenen tänzerischen Körperbewegungen erschlossen, strukturiert und erobert werden kann. Sie können eine tänzerische Bewegungssequenz nach Raum und Zeit formen. Sie sind außerdem zum Gebrauch der entsprechenden Sprache und Symbole in der Lage.

7 bis 8 Jahre

Fähigkeit zur Körperbeherrschung:
Kinder sind in der Lage, den Körper als Instrument der Darstellung und des Ausdrucks zu verstehen. Sie erkennen, dass es hierzu erforderlich ist, seine körperliche Energie zu kontrollieren und einzusetzen sowie technische tänzerische Fertigkeiten zu erwerben.

Auswirkung auf die Fähigkeit zur tänzerischen Bewegung:
Kinder haben eine Vorstellung davon, was Dreidimensionalität im Raum bedeutet. Sie sind in der Lage, qualitative Unterschiede in dem Zusammenwirken von Kraft, Geschwindigkeit und Form von Körperbewegungen zu erkennen. Sie sind in der Lage, tänzerische Bewegungen zu phrasieren und diese Phrasen entsprechend zu akzentuieren. Sie sind in der Lage, tänzerische Gesten und Bewegungen als Symbole von Ausdruck zu erkennen und entsprechend zu gestalten.

8 Jahre

Fähigkeit zur Körperbeherrschung:
Kinder sind in der Lage, ihre Körperbeherrschung kritisch einzuschätzen, sie sind sich ihrer körperlichen Stärken und Grenzen bewusst. Sie sind in der Lage, ihre körperlichen Fähigkeiten bewusst zu erwerben und auszubilden.

Auswirkung auf die Fähigkeit zur tänzerischen Bewegung:
Kinder sind in der Lage, die Dreidimensionalität des Raumes unter Einsatz von Veränderungen von Kraft, Geschwindigkeit

und Spur tänzerisch einzusetzen. Sie sind in der Lage, tänzerische Bewegungen in einer einfachen Sequenz von Einzelteilen zusammenzusetzen, z.B. ABA oder ABACABA usw.

8 bis 9 Jahre

Fähigkeit zur Körperbeherrschung:
Zu beobachten ist ein kontinuierliches Wachstum von Fertigkeiten in Bezug auf die Entwicklung von tänzerischen Vorstellungen und des tänzerischen Einsatzes von Bewegungen.

Auswirkung auf die Fähigkeit zur tänzerischen Bewegung:
Kinder sind in der Lage, einfache tänzerische Bewegungsabläufe in kleinen Gruppen zu erschaffen und zu beurteilen. Sie sind ferner in der Lage, tänzerische Ideen auszuprobieren sowie zu improvisieren.

9 Jahre

Fähigkeit zur Körperbeherrschung:
Bewegungsaufgaben stellen höhere Anforderungen an die Fertigkeiten und Sensibilität von Kindern. Weitere Körpererprobungen und Improvisationen führen zu einem Entdecken und Erkunden eines neuen, bislang unbekannten Bewegungspotentials.

Auswirkung auf die Fähigkeit zur tänzerischen Bewegung:
Kinder erkunden Gefühl und Ausdruck in Bezug auf unterschiedliche Qualitäten und Erfahrungen der tänzerischen Bewegung. Sie sind bereit, mit tänzerischen Bewegungen zu improvisieren und darüber zu reflektieren, um neue Ausdrucksmöglichkeiten zu entdecken.

9 bis 10 Jahre

Fähigkeit zur Körperbeherrschung:
Kinder sind in der Lage, Sequenzen von tänzerischen Bewegungen mit großem Geschick zu kreieren.

Auswirkung auf die Fähigkeit zur tänzerischen Bewegung:
Kinder entwickeln ihre eigene Vorstellung von Raumvolumen; sie können Fortbewegung und Spannung im Raum mittels Gestalt- und Formgebung ausdrücken. Sie entwickeln Klang- und Sprachbegleitung für ihre tänzerischen Bewegungen. Sie sind in der Lage, das Phrasieren einzusetzen, und beginnen, die Formgebung eines ganzen Tanzstückes zu erfassen.

10 Jahre

Fähigkeit zur Körperbeherrschung:
Kinder sind bestrebt, ihre Bewegungsfähigkeiten, ihre körperliche Wirkungsfähigkeit und Körpersensibilität zu verbessern.

Auswirkung auf die Fähigkeit zur tänzerischen Bewegung:
Kinder versuchen sich an komplexeren kompositionellen Formen und tänzerischen Themen.

10 bis 11 Jahre

Fähigkeit zur Körperbeherrschung:
Kinder erwerben zunehmende Beherrschung und Geläufigkeit in einer Vielfalt von Körper- und Ausdrucksbewegungen. Sie zeigen eine starke Flexibilität in ihren Körperbewegungen, bis hinein in die Finger- und Fußspitzen.

Auswirkung auf die Fähigkeit zur tänzerischen Bewegung:
Kinder sind in der Lage, auch komplexe Sequenzen von tänzerischen Bewegungen zu erschaffen. Sie sind in der Lage, den wesentlichen Gehalt einer solchen Sequenz zu erfassen und zu behalten und genau zu reproduzieren.

Ab 11 Jahren

Fähigkeit zur Körperbeherrschung:
Kinder konzentrieren sich auf die Vervollkommnung von Fähigkeiten. Sie erkennen unterschiedliche Ausprägungen in der dynamischen und räumlichen Form und sind in der Lage, diese Unterschiede bewegungsmäßig auszudrücken.

Auswirkung auf die Fähigkeit zur tänzerischen Bewegung:
Kinder sind in der Lage, tänzerische Kompositionen mit kleinen Gruppen und Partnern zu vollbringen sowie die Beziehung zwischen den Ausdrucksmöglichkeiten in der tänzerischen Bewegung und in anderen künstlerischen Formen sowie in ihrer Umwelt zu erkennen.

4. Evaluierung der tänzerischen Fähigkeiten

Die Evaluierung der tänzerischen Fähigkeiten und Fertigkeiten lässt sich anhand folgender Kriterien vollziehen.

Raumbildung

Dieses Kriterium umfasst
- Form und Formgebung,
- Ort und Plazierung,
- Durchmessung des Raums und Fortbewegung in ihm.

Kennzeichnung für geringe Fähigkeit

- Der Teilnehmer ist furchtsam;
- die Bewegungen sind eng begrenzt auf den Körper;
- ein Durchmessen des weiteren Raumes wird weitgehend vermieden;
- so weit dies geschieht, fehlt eine ausreichende Ausfüllung des Raums mittels körperlicher Bewegungen;
- Linienführung im Raum und räumliche Strukturen sind unklar und unvollständig;
- das Design der tänzerischen Bewegung ist einfach, wiederholt sich, zeigt keine Entwicklung.

Kennzeichnung für hohe Fähigkeit

- Die Linienführung im Raum ist klar und deutlich;
- die Bewegungen beziehen sich sowohl auf den bekannten wie den unbekannten Raum;
- erkennbar sind ein Verständnis für den Raum und die Fähigkeit, diesen auszufüllen und zu strukturieren;
- erkennbar ist ein Verständnis für die visuelle Wirkung des Designs von tänzerischen Bewegungen im Raum.

Darstellung und Kommunikation

Dieses Kriterium umfasst

- die Raum-Zeit-Beziehung,
- die körperliche Kraft,
- die Projektion,
- den Energiefluss,
- die Beherrschung der Körperenergie,
- die Einbeziehung von Hilfsmitteln wie Beleuchtung, Musik, Kostüme.

Kennzeichnung für geringe Fähigkeit

- Die Arbeit ist flach, ereignislos;
- sie ermangelt der Energie;
- oder die Energie ist unkontrolliert;
- es wird wenig mitgeteilt;
- es zeigt sich ein begrenztes Verständnis dessen, was es mit Tanz auf sich hat;
- die Arbeit ist unsorgfältig und nachlässig.

Kennzeichnung für hohe Fähigkeit

- Persönliche Vitalität beherrscht die Aufmerksamkeit an der Arbeit und hält das Interesse an ihr wach;
- die tänzerischen Bewegungen sind klar und zeugen von Vertrauen in die eigenen Fähigkeiten;
- die Arbeit vermittelt Verständnis und Überzeugung;
- die tänzerischen Sequenzen sind eingehend geprobt, an ihnen wird intensiv gearbeitet;
- auf die zusätzlichen Komponenten (Beleuchtung, Musik, Kostüme) wird Sorgfalt verwendet.

Komposition

Dieses Kriterium umfasst

- die Struktur des Tanzes,
- die Beziehung zwischen Form und Bedeutung,
- Klarheit und Angemessenheit des Stils und der Interpretation,
- Untersuchung und Verstehen des Inhalts,
- Erkundung, Entwicklung und Beherrschung von tänzerischen Ideen.

Kennzeichnung für geringe Fähigkeit

- Zu beobachten ist eine Sequenz zusammenhangloser Aktivitäten;
- oberflächlicher und trivialer Inhalt;
- die tänzerischen Bewegungen weisen eine geringe Affinität zu dem Design und dem Inhalt auf;
- die tänzerischen Ideen sind unzulänglich entwickelt;
- die Aussage des Tanzes ist nicht oder unzulänglich erkennbar;
- es finden sich Klischees und entlehntes Material ohne zureichende Klarheit, was mit dem Tanz zum Ausdruck gebracht werden soll.

Kennzeichnung für hohe Fähigkeit

- Ausgearbeitete und kohärente Struktur;
- Inhalt, der es wert ist, näher erforscht und dargestellt zu werden;
- inventiv, provokativ;
- der Tanz ist geeignet, Sichtweisen zu erweitern und/oder zu verändern;
- der Tanz ist geeignet, zur Erfahrung des Tänzers wie des Zuschauers beizutragen;
- erkennbar sind ein Befassen und eine Empathie dafür, was es mit dem Tanz auf sich hat.

Körperbeherrschung

Dieses Kriterium umfasst

- Fertigkeiten und Techniken;
- Stärke und Flexibilität;
- Fitness und Beweglichkeit;
- Genauigkeit in Beobachtung und Darstellung.

Kennzeichnung für geringe Fähigkeit

- Ausdruck und Fluss der tänzerischen Bewegung werden durch eine schwache Beherrschung der Körperbewegungen gemindert oder ganz zunichte gemacht;
- die tänzerischen Gesten sind unausgeprägt oder unvollständig;
- der Zuschauer identifiziert die tänzerischen Bewegungen nicht als Ausdruck sondern als Techniken;
- die Sequenzen sind unzulänglich miteinander verknüpft;
- die Konzentration wird bei dem Tanz nicht durchgehalten;
- beschränktes tänzerisches Vokabular.

Kennzeichnung für hohe Fähigkeit

- Der Tänzer beherrscht seine tänzerischen Bewegungen;
- akkurate und fließende Darstellung auch von komplexen Sequenzen;
- Phrasierung ist akkurat und sensitiv;
- der Tänzer verfügt über ein breites Vokabular tänzerischer Ausdrucksmöglichkeiten;
- die Fußarbeit ist präzise und die Spurausrichtung akkurat;
- Figurhebungen und Halten des Gleichgewichts erscheinen ohne Mühe;
- die tänzerische Gestik ist unaufdringlich.

Teil B

Anregungen für tänzerische Übungen

Die folgenden Ideen für tänzerische Übungen erstrecken sich auf folgende Bereiche:

- Körperbewusstsein
- Spuren und Formen
- Raum
- Soziale Interaktion: Tänzerische Bewegung mit anderen
- Schwerelosigkeit
- Linien und Struktur; Dimensionen
- Tänzerische Umsetzung von Beobachtungen
- Ton, Sprache, Stimme und Bewegung
- Beziehung herstellen
- Musik und Tanz
- Bewegungsabläufe
- Tänzerische Bewegung in der Gruppe
- Technik
- Wasser, Meer, Wind, Sturm, Sand, Strand

Körperbewusstsein

Tanz ist Körperbewegung. Körperbewegung im Tanz setzt ein Körperbewusstsein voraus. Dessen Ausbildung und Schärfung dienen die folgenden Übungen.

Lektion 1: Körperwahrnehmung, Körperbeherrschung, Körpergewicht

Lege dich auf den Boden. Konzentriere dich auf deinen Körper. Nimm deinen Körper wahr, wie er auf den Boden drückt, wie die einzelnen Körperteile den Boden berühren, wie manche Teile dabei schmerzen, manche den Boden nicht berühren.

Stehe auf, indem du langsam einen Körperteil nach dem anderen vom Boden entfernst, bis du lediglich auf einem Fuß stehst. Drehe diesen Prozess um, bis du wieder auf dem Boden liegst.

Wie fühlt sich Haut auf Haut? Wie fühlen sich unterschiedliche Stoffe auf der Haut? Wie fühlt sich Luft auf der Haut, wie Wind? Spüre dem Atem nach. Stelle dir vor, der Atem würde aus den Fingern, den Zehen, aus dem oberen Teil des Kopfes ausgeatmet.

- Spüre dein Körpergewicht. Wie ist es, wenn man das Körpergewicht auf alle vier Gliedmaßen (Hände und Füße) verteilt, auf einen Fuß, auf beide Hände (Handstand), auf Hände und Kopf (Kopfstand), auf eine Hand, auf den (abgerundeten) Rücken (Beine und Hände nach oben), auf Schulter und Oberarm usw.? Dieses Spiel mit der Gewichtsverlagerung macht zugleich deutlich, dass Tanz eine Körperbewegung darstellt, die – im Gegensatz zum Volkstanz oder Gesellschaftstanz – nicht auf die Füße als Stützpunkt angewiesen ist (Abb. 14).

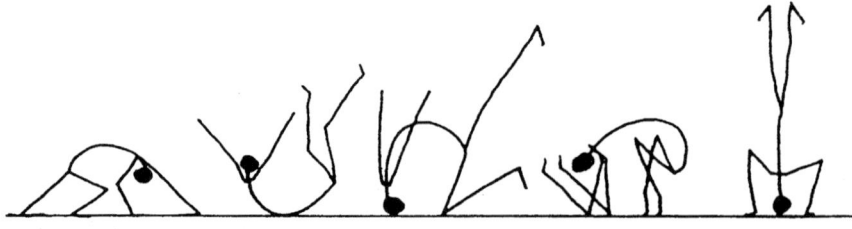

Abb. 14

- Indem du – in Fortführung der vorstehenden Übung – unterschiedliche Körperstützpunkte wählst, bilde hierdurch eine kleine engbegrenzte Körperform (Abb. 15)

Abb. 15

- und große, weitausholende Körperformen (Abb. 16).

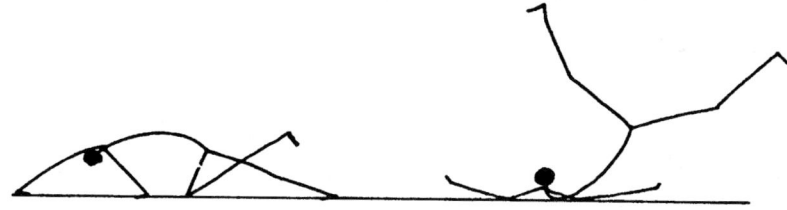

Abb. 16

- Wähle drei dieser Positionen aus, erschaffe eine Bewegungssequenz hieraus und wiederhole sie genau (Abb. 17).

Abb. 17

Lektion 2: Bewegen von Körperteilen

- Lege dich auf den Boden. Bedecke dich vollständig mit mehreren auseinandergefalteten Zeitungsbögen (natürlich kann auch Packpapier verwendet werden; Zeitungspapier hat allerdings den Vorteil, dass es flexibler ist – und obendrein nichts kostet), auch den Kopf. Sich unsichtbar zu fühlen erlaubt einem, sich besser auf sich selbst zu konzentrieren (Abb. 18). (Eine Variante: Ein Teilnehmer lässt die Zeitungsbögen nacheinander auf einen anderen Teilnehmer schweben.)

Abb. 18

- Bei jedem Tamburin-Schlag (oder sonstigem akustischen Zeichen) strecke einen Körperteil nach dem anderen nach außen, z.B. Hand, Knie, Fuß, Nase usw. (Abb. 19).

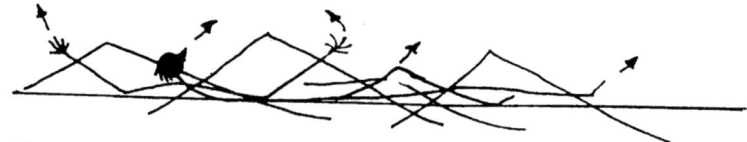

Abb. 19

- Lege dich auf die unregelmäßig gefallenen Zeitungsbögen und bilde dabei ganz unterschiedliche Körperformen (Abb. 20).

Abb. 20

- Lass einen Partner sehr langsam einen auseinandergefalteten Zeitungsbogen der Länge nach einreißen (Abb. 21a). Vollziehe dieses Einreißen nach, indem du einen Körperteil, z.B. den Arm, vom Körper weg bewegst, um so das Auseinanderreißen der Papierhälften darzustellen (Abb. 21b). Das Auseinanderreißen kann auch dadurch dargestellt werden, dass zwei sich zusammenstellende Personen ihre Oberkörper zunehmend voneinander wegbiegen (Abb. 21c).

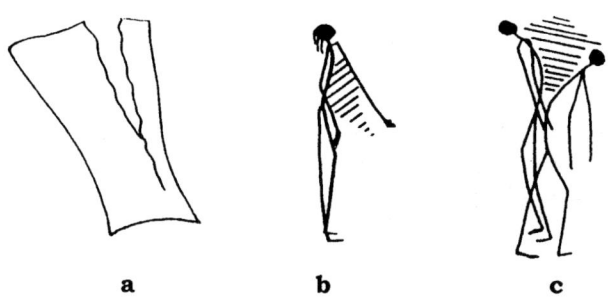

Abb. 21

Lektion 3: Marionetten: Körperteile an imaginären Fäden

- Stelle dir vor, ein Teil deines Körpers sei an einem imaginären Faden angeknüpft, der nach oben zur Decke führt. Wie würdest du dich bewegen, wenn abwechselnd ein Knie, ein Fuß, ein Ellenbogen, das Gesäß usw. angebunden wären? (Abb. 22a+b)

Abb. 22a

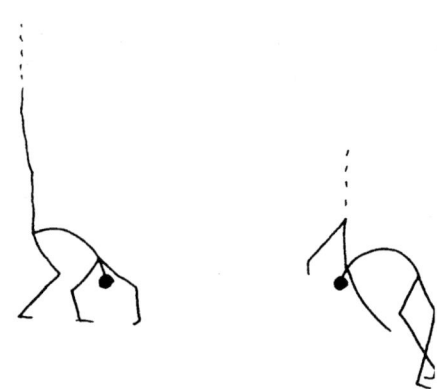

Abb. 22b

- Stelle dir vor, du würdest durch einen imaginären Faden an einer Hand in eine Richtung gezogen werden und müsstest mit der anderen Hand einen Partner hinter dir herziehen (Abb. 23).

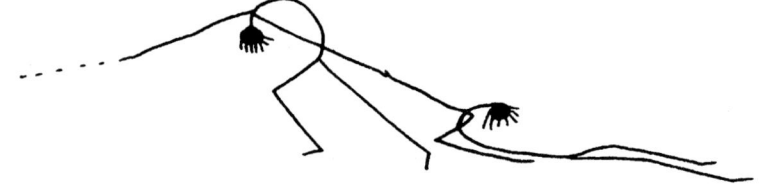

Abb. 23

- Oder stelle dir vor, du möchtest mit einem Partner zusammenkommen, während du in die eine und der Partner in die andere Richtung gezogen würde (Abb. 24).

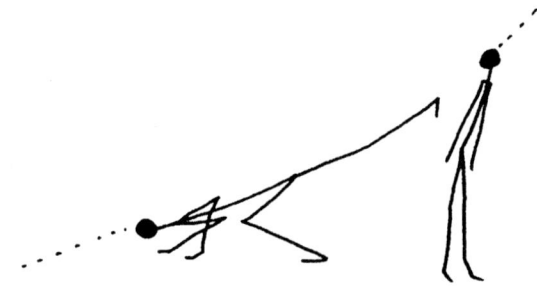

Abb. 24

- Stelle dir vor, du möchtest in eine Richtung gehen, aber du würdest an einem Körperteil in eine andere Richtung gezogen werden (Abb. 25).

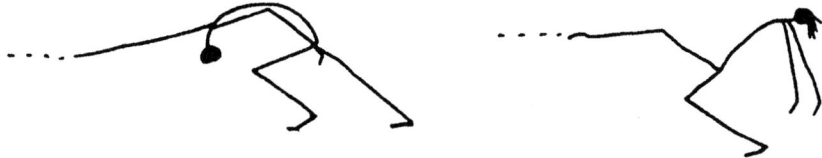

Abb. 25

- Mehrere Partner halten sich wie ein Knäuel zusammen und winden sich dann wieder auseinander (Abb. 26).

Abb. 26

Spuren und Formen

Spuren meint im Tanz vor allem:

- das Muster der Bewegungsreise auf dem Fußboden (zweidimensional),
- die Spur der Körperbewegung im Raum (dreidimensional).

Lektion 4: Die Spur der Bewegungsreise auf der Fläche

- Die Teilnehmer zeichnen auf dem Boden mit Kreide die Spur der Tanzbewegungen nach (Abb. 27).

Abb. 27

Dies (Abb. 27) ist eine reichlich komplizierte länger anhaltende tänzerische Darstellung gewesen.

- Einfach ist die folgende Darstellung, in der 6 Teilnehmer tanzen, wobei die letzten 4 eine einfache Schleife und die beiden ersten eine Spirale, einmal rechts herum, ein andermal links herum, getanzt haben (Abb. 28).

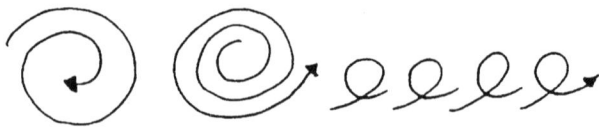

Abb. 28

- Nachstehend die Spuren auf dem Boden von drei Figuren, die ein Paar tanzt (Abb. 29).

Abb. 29

- Die Umsetzung dieser Figur von der Zweidimensional in die Dreidimensionalität ist leicht nachzuvollziehen. Schwieriger zu „lesen" ist hingegen die folgende „Mitschrift" von Schritten einer anderen Sequenz (Abb. 30).

Abb. 30

- Die „Auflösung" lautet wie folgt (Abb. 31):

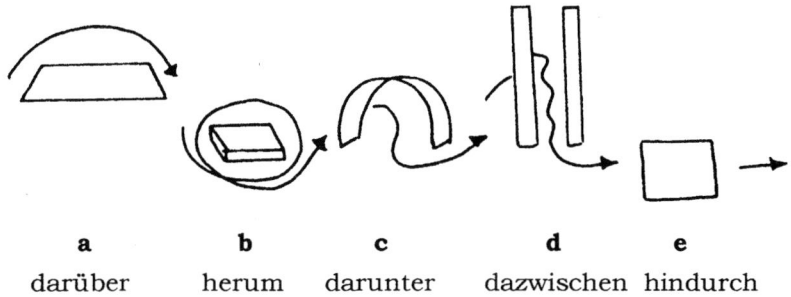

| **a** | **b** | **c** | **d** | **e** |
| darüber | herum | darunter | dazwischen | hindurch |

Abb. 31

Lektion 5: Die Spur der Körperbewegung im dreidimensionalen Raum

Die Spur der Körperbewegung in der Luft bedeutet: Wir verfolgen nicht mehr die Spur der tänzerischen Bewegung auf dem Boden, also die Spur der Füße, sondern die Bewegung des gesamten Körpers im dreidimensionalen Raum.

- Die Sequenz in Abb. 32 beinhaltet eine Reihe von Bewegungen:
    - 1: Hans-Guck-in-die-Luft-Gehen
    - 2: Armaufschwingen
    - 3: Armabschwingen
    - 4: In die Luft springen
    - 5: Auf dem Boden landen
    - 6: Treppen steigen
    - 7: Hinlegen

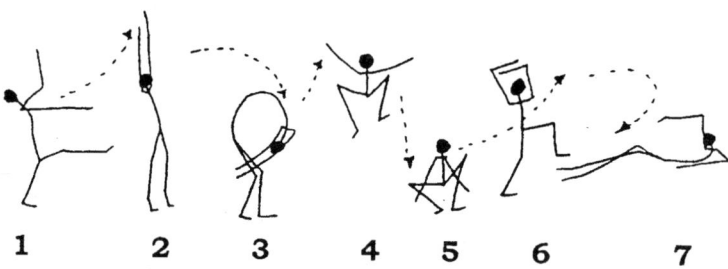

Abb. 32

- Aus dieser Sequenz (Abb. 32) lässt sich ein Ausschnitt wählen, z.B. der Sprung in die Luft, um einen Ball zu fangen und der Absturz auf den Boden (Abb. 33).

Abb. 33

- Eine weitere Sequenz verbindet die von oben nach unten verlaufende Körperbewegung mit einer starken Gestik von Händen und Armen (Abb. 34).

Abb. 34

Lektion 6: Dünne und Flachheit

- Anhand eines Blattes Papier kann man die Konzepte von Dünne und Flachheit studieren. Das Papier kann flach liegen (Abb. 35a), es kann stehen (Abb. 35b) – wenn man es hält oder es gegen etwas lehnt (Abb. 35c).

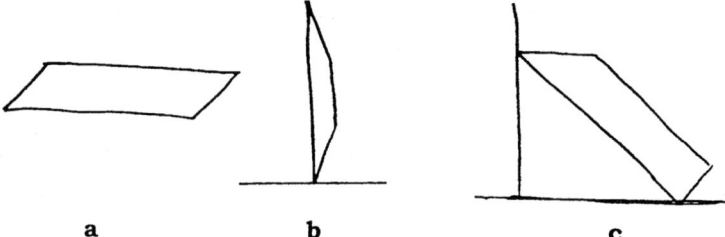

      a   b   c

Abb. 35

- Die Dünne und Flachheit des Papiers kann man entsprechend den in Abb. 35 gezeigten Positionen mit Liegen, Stehen und Sich-gegen-etwas-Stützen nachvollziehen (Abb. 36).

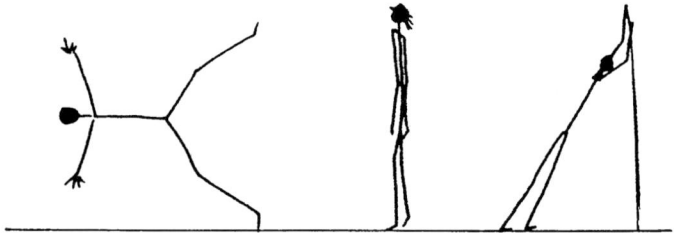

Abb. 36

- Das dünne Papier haben wir bislang als flach kennengelernt. Im folgenden kann man erkennen, dass Flachheit zur Dreidimensionalität wird, indem das Papier gefaltet wird und so stehen oder aufgehängt werden kann (Abb. 37).

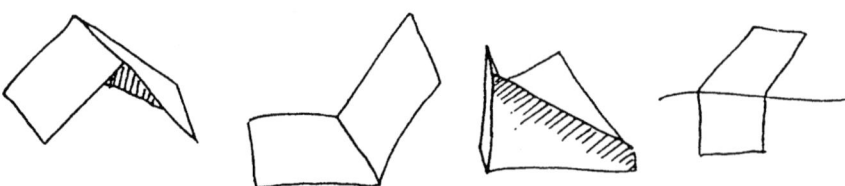

Abb. 37

- Auch diese Positionen lassen sich wiederum in Körperbewegungen umsetzen (Abb. 38).

Abb. 38

- Auch in Gruppen (Abb. 39).

Abb. 39

- Ein weiteres Beispiel für die Umsetzung des Konzepts von Dünne und Flachheit des Papiers in Körperbewegungen: Reiße ein Blatt Papier in Streifen (Abb. 40).

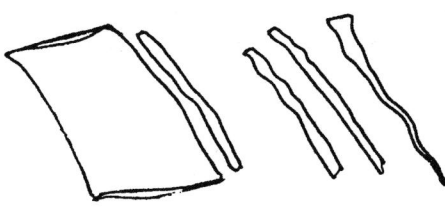

Abb. 40

- Ähnlich kann man auch den Körper in zwei Hälften „teilen" (Abb. 41).

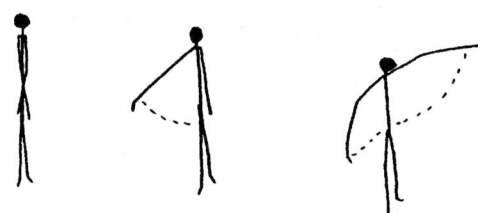

Abb. 41

- Noch anschaulicher wird das Teilen von Papier in einzelne Streifen in der Gruppenarbeit. Abb. 42a soll das ungeteilte Blatt Papier veranschaulichen. Dieses kann man in zwei Hälften teilen (Abb. 42b) oder in drei Teile (Abb. 42c).

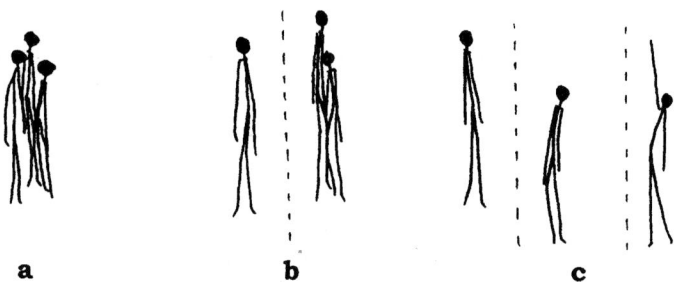

Abb. 42

- Die Dreidimensionalität des Papiers lässt sich noch steigern, indem man es nicht beim Falten belässt, sondern daraus Formen bildet. So kann man das Papier rollen, drehen und winden: zu einem Zylinder, einer Rolle, einer Locke, einer Schlange, einem Armreif, einer Spirale (Abb. 43).

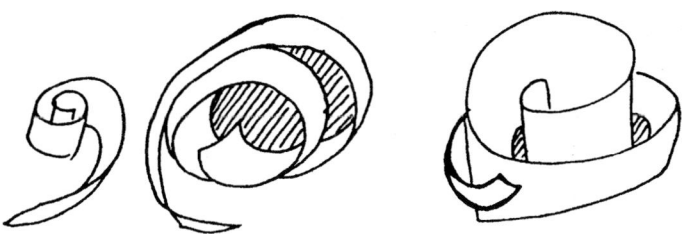

Abb. 43

- Dieses Verfahren lässt sich auch mit dem Körper umsetzen (Abb. 44).

Abb. 44

- Anschaulicher wird die Spiralbildung in der Gruppe (Abb. 45).

Abb. 45

Lektion 7: Geometrische Form und Transformation

Im folgenden wollen wir uns mit dem Konzept befassen, wonach Formen unterschiedlich sind: sie können starr sein, elastisch, sie können transformiert werden. Die nachstehenden Übungen sollen die Möglichkeit geben, die Eigenschaften von Form körperlich zu erfahren, dreidimensionale Formen zu erschaffen und die Veränderung von Formen zu erkunden.

- Die Teilnehmer fassen sich zu dritt an den Händen. Sie erkunden, wie man aus unterschiedlichen Körperstellungen unterschiedliche Dreiecke bilden kann (Abb. 46).

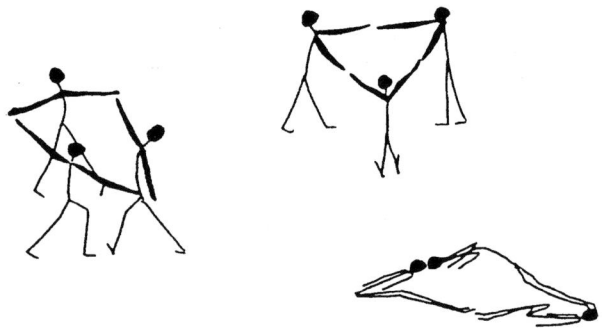

Abb. 46

- Was kann man alles an geometrischen Formen bilden, wenn man sich zu viert, fünft oder sechst zusammenfindet? (Abb. 47)

Abb. 47

- Diese Übung befasst sich anhand von Blättern mit der Transformation von Formen. Blätter nehmen vor allem im Herbst ganz unterschiedliche Formen an. Die Teilnehmer studieren diese Formen. Sie zeichnen und beschreiben dieses Blätter (Wortschatzübung): welk, schlapp, verdreht, lockig, gebogen, zusammengerollt, gewellt, gekräuselt, zerknittert, runzlig, geknickt, löchrig, spröde, gezackt, ausgefranst, gezackt, zerfetzt. Die Teilnehmer setzen solche Formen mit dem Körper um (Abb. 48).

Abb. 48

Raum

Lektion 8: Tänzerische Bewegung auf kleinem Raum

- Die Teilnehmer kreisen einen Raumbereich ein, in dem sie sich bewegen. Der Raum wird immer mehr reduziert (Abb. 49).

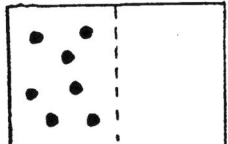 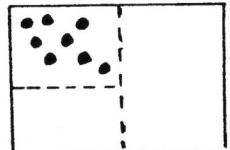 

Abb. 49

- Auf diesem immer enger werdenden Raum stellen die Teilnehmer unterschiedliche Figuren dar (Beispiele: Abb. 50).

Abb. 50

- Die Teilnehmer benutzen Turnmatten (wenn nicht vorhanden: auseinandergefaltete Zeitungsbögen) als Flöße oder als fliegende Teppiche. Die Matten (bzw. die Zeitungsbögen) liefern nur einen beschränkten Raum. Was geschieht, wenn der Teppich fliegt und schwankt? Was geschieht, wenn das Floß die reißende Strömung eines Gebirgsflusses hinabfährt? (Abb. 51)

Abb. 51

Lektion 9: Gewöhnung an einen größeren Raum

- Einen großen Raum erkunden die Teilnehmer zunächst einmal durch ein Abschreiten entlang gerader Linien (Abb. 52).

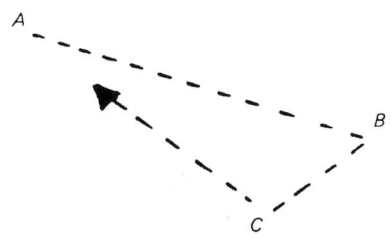

Abb. 52

- Sie können den Raum auch gezielt nach allen vier Ecken „durchmessen" (Abb. 53).

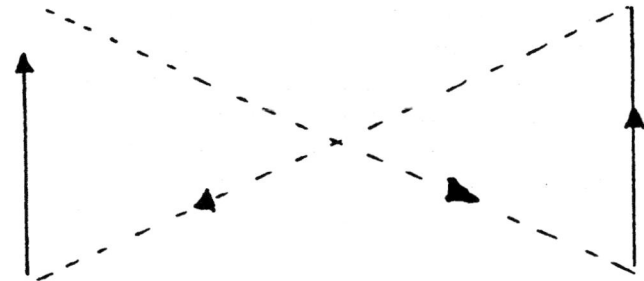

Abb. 53

- In einem späteren Stadium erobern sie sich den großen Raum spielerisch, indem sie z.B. umherrennen, springen oder rückwärts gehen (Abb. 54).

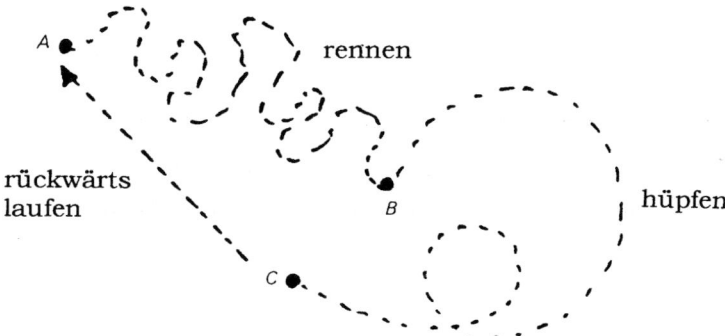

Abb. 54

- Sie können den Raum auch spielerisch in verschiedenen Körperformen in seiner Länge erkunden (Abb. 55, 56).

Abb. 55

Abb. 56

- Oder sie können den Raum gleichermaßen in seiner Länge und seiner Breite sich erlaufen (Abb. 57).

Abb. 57

Lektion 10: Zwischenräume, Hohlräume

Raum wird gebildet durch das, was sich in und um ihn herum abspielt. Dazu einige Anregungen:

- Die Teilnehmer kreieren mit umgekippten, teilweise auch aufeinander gestapelten Stühlen eine Installation (Abb. 58a). Dabei beachten und erkunden sie vor allem die Zwischenräume dazwischen. Diese Zwischenräume zeichnen sie auf Pappe nach und schneiden die Formen aus (Abb. 58b).

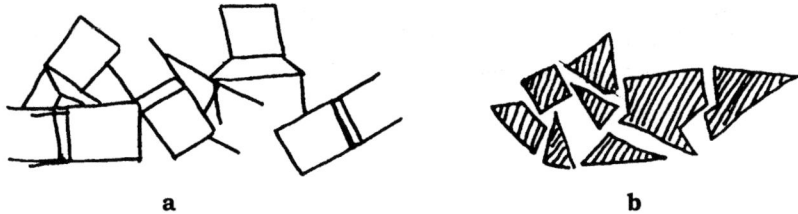

Abb. 58

- Die Teilnehmer erkunden den Raum „in" einem Stuhl, d.h. die Zwischenräume unter dem Sitz und den Beinen oder zwischen dem Sitz und der Lehne (Abb. 59).

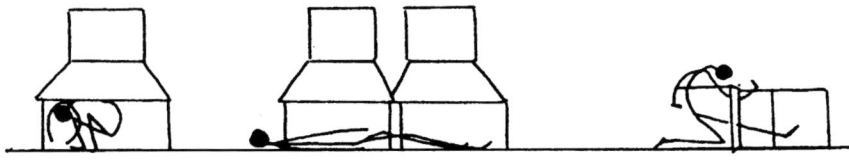

Abb. 59

- Die Teilnehmer formen den Körper und Körperteile zu unterschiedlichen Hohlräumen (Abb. 60).

Abb. 60

- Paarübung: Ein Partner bildet einen Hohlraum, in den sich der andere Partner einfügt (Abb. 61).

Abb. 61

- Eine Gruppe formt zusammen einen Hohlraum, durch den eine andere Gruppe sich bewegt (Abb. 62).

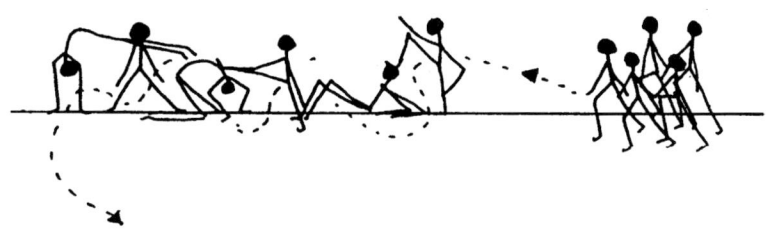

Abb. 62

Soziale Interaktion: Tänzerische Bewegung mit anderen

Soziale Interaktion ist ein wesentliches Element in der tänzerischen Darstellung.

Lektion 11: Der persönliche Raum; das Miteinanderteilen von Raum

Jeder hat seinen persönlichen Raum um sich, repräsentiert durch die Reichweite des Körpers und seiner Extremitäten. Man kann sich diesen Raum wie eine Blase um den Körper herum vorstellen.

- Die Teilnehmer erproben diesen persönlichen Raum um sich herum. Welcher Kreis umschreibt die Reichweite ihres Körpers? Wie überschneiden sich diese Kreise, wenn mehrere nahe zusammenstehen? (Abb. 63)

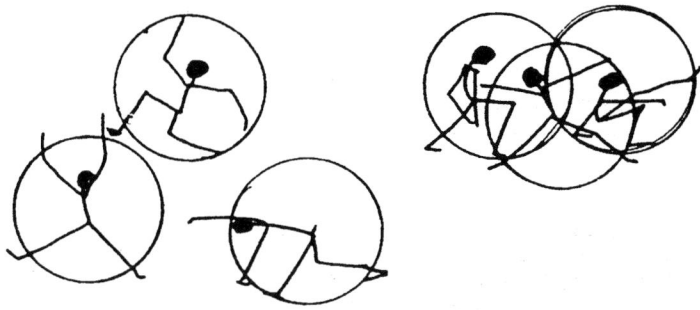

Abb. 63

Lektion 12: Miteinander sich bewegen im Körperkontakt

Körperkontakte finden in unserer Gesellschaft nur sehr beschränkt statt. Tanz hingegen ist ohne Körperkontakt gar nicht vorstellbar.

- Zu zweit erkunden die Teilnehmer wechselseitig ihr Gewicht, indem sie sich gegeneinander stellen, voneinander wegziehen, einander tragen usw. (Beispiele: Abb. 64).

Abb. 64

- Die Paararbeit kann in Gruppenarbeit ausgedehnt werden, z.B. indem ein Kind über eine auf dem Boden liegende Gruppe sich hinwegbewegt, sei es, dass es sich darüber seitlich hinwegrollt (Abb. 65a) oder darüber hinwegrobbt (Abb. 65b).

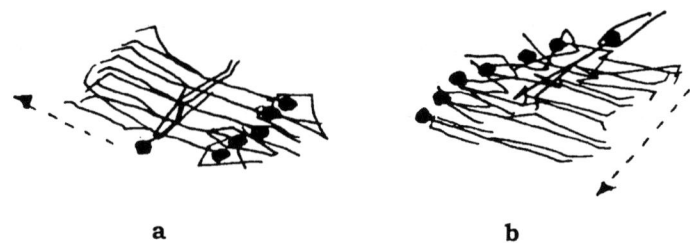

Abb. 65

- Oder indem ein Teilnehmer über oder unter einen anderen Teilnehmer krabbelt (Abb. 66).

Abb. 66

- Bilde eine Skulptur, die aus verschiedenen Laufbewegungen besteht, die dann „eingefroren" werden (Abb. 67).

Abb. 67

Lektion 13: Führen und Folgen

Führen und Folgen – dies ist eine Angelegenheit von Verantwortung und Vertrauen.

- Führe einen Partner, der die Augen geschlossen hat, an der Hand durch den Raum (Abb. 68a). Nachdem Vertrauen etabliert ist und das Paar aufeinander eingespielt ist, kann auch ohne Handkontakt geführt werden (Abb. 68b).

Abb. 68

- Mehrere Teilnehmer bilden eine Formation: einen Block, einen Keil, ein Rad (Abb. 69).

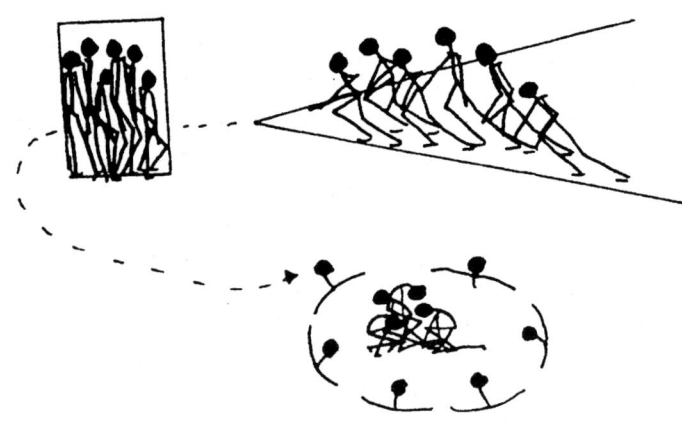

Abb. 69

- Zwei Teilnehmer agieren in dem Führen/Folgen-Muster miteinander, indem sie parallel die gleichen Bewegungen ausführen (Abb. 70a) oder in ihren Körperbewegungen einen Gegensatz bilden: auf und nieder (Abb. 70b) oder ein „Gespann" bilden (Abb. 70c) oder sich miteinander verschränken (Abb. 70d).

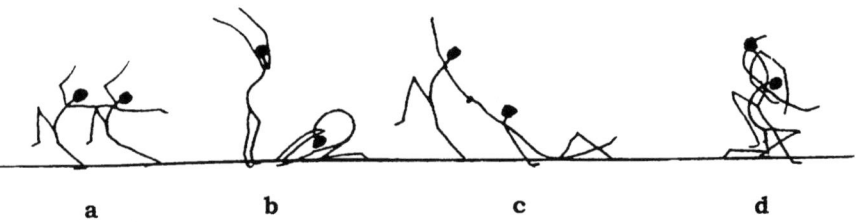

Abb. 70

Lektion 14: Gewicht fühlen; Kraft in Bewegung

Das Gewicht eines Objektes lässt sich eindeutig bestimmen, es ist absolut. Gewicht in der Körperbewegung und im Tanz ist hingegen ein relatives, virtuelles Gewicht, das im Körper gefühlt wird und in der Art und Weise erkannt wird, wie sich der Körper bewegt. Mit der Pantomime schaffen wir die Illusion von Gewicht. Mittels einer Körperpose und Körperbewegung wird der Eindruck erweckt, als ob Kraft aufgebracht würde. Im Tanz haben wir es also mit verschiedenen Formen von Gewicht zu tun, die nicht miteinander verwechselt werden dürfen: absolutes, tatsächliches Gewicht sowie relatives und pantomimisch dargestelltes Gewicht. Ein Klavier in der Realität zu schieben ist nicht dasselbe wie das pantomimisch oder tänzerisch dargestellte fiktive „Schieben". Aber die Erfahrung, tatsächliches Gewicht zu spüren, kann zur Genauigkeit der tänzerischen Bewegungen beitragen, die die Qualität von Gewicht deutlich machen.

- Zusammen mit einem Partner kann man das Gewicht spüren, tatsächlich und in der Pantomime, indem gegeneinander schiebt oder drückt (Abb. 71)

Abb. 71

- oder aneinander zieht (Abb. 72)

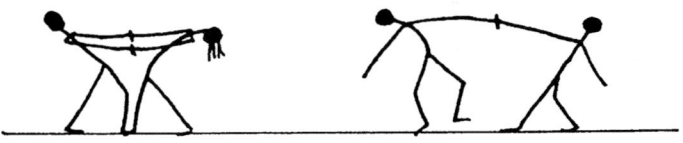

Abb. 72

- oder - wie bei der Bewegung eines Klaviers - Schieben und Ziehen miteinander kombiniert (Abb. 73).

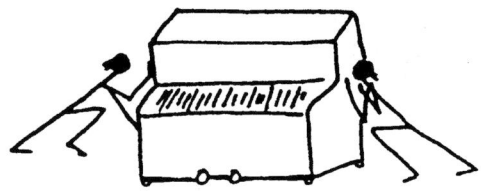

Abb. 73

- In Einzelstudien erproben die Teilnehmer den Unterschied zwischen dem Drücken gegen eine tatsächliche Mauer (Abb. 74a) und gegen eine imaginäre Mauer (Abb. 74b).

Abb. 74

- Oder sie stellen dar, wie man ein imaginäres Seil zieht (Abb. 75).

Abb. 75

- Oder wie man, in einer imaginären Kiste eingeschlossen, nach allen Seiten mit verschiedenen Körperteilen schiebt und stößt (Abb. 76).

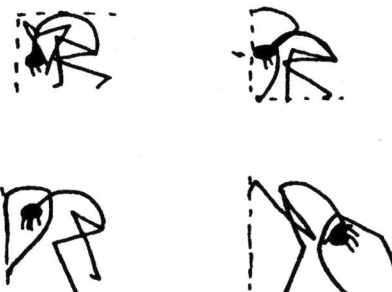

Abb. 76

- Zu zweit können die Teilnehmer spüren, wie man seine Kräfte vereinen kann, um eine imaginäre Kiste hochzuheben (Abb. 77)

Abb. 77

- oder um einen imaginären schweren Gegenstand (z.B. ein Auto) zu schieben (Abb. 78)

Abb. 78

- Sie können auch ihre Kräfte gegeneinander einsetzen, indem sie ein imaginäres Seil ziehen (Tauziehen) (Abb. 79)

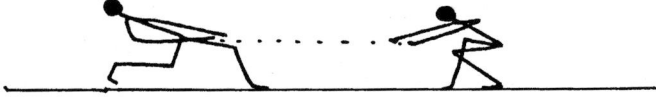

Abb. 79

- oder imaginär in entgegengesetzte Richtungen rudern (Abb. 80).

Abb. 80

- Sie können auch gegensätzliche Bewegungen machen, z.B. der eine lässt sich nieder, während der andere aufsteht (Abb. 81).

Abb. 81

- Oder der eine bewegt sich nach vorne auf den anderen zu, während der andere sich nach rückwärts beugend sich zurückbewegt (Abb. 82).

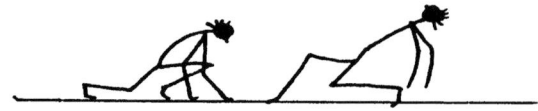

Abb. 82

Lektion 15: Tänzerischer Kampf

Kämpferische Spiele sind vor allem bei Kindern und Heranwachsenden beliebt. In den folgenden Übungen wird aber nicht der tatsächliche Kampf gesucht, sondern der imaginäre, ausgetragen in der Pantomime. Diese Übungen sollten am besten in Zeitlupe ausgeführt werden. Die Figuren können auch „einfrieren", zur Skulptur werden, um so noch besser die Figur studieren zu können. Für die Übungen wird viel Platz benötigt.

- Zunächst werden Angriffshandlungen pantomimisch dargestellt: Mit dem Fuß treten (Abb. 83a), mit den Händen schubsen (Abb. 83b), mit dem Ellbogen stoßen (Abb. 83c), mit dem Kopf stoßen (Abb. 83d).

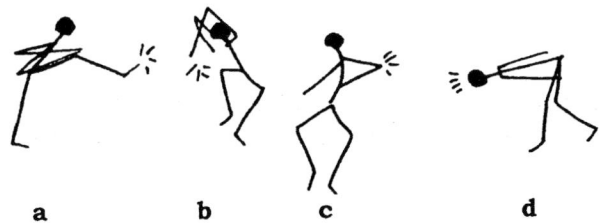

Abb. 83

- Zu den Abwehrreaktionen (auch diese in Zeitlupe darstellen und „einfrieren") gehören: zurückzucken (Abb. 84a), zurückschrecken (Abb. 84b), sich fallen lassen (Abb. 84c), sich mit dem Kopf ducken oder mit ihm abwehren (Abb. 84d).

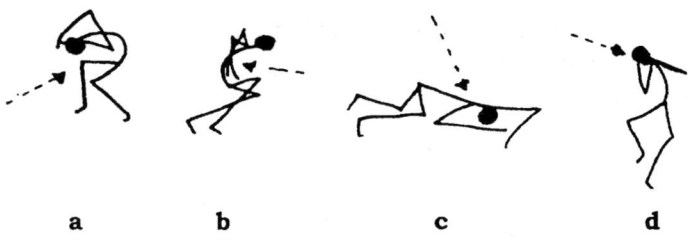

Abb. 84

- Angriffs- und Abwehrreaktionen werden (wiederum in Zeitlupe und „eingefroren") in Paarbeziehungen miteinander kombiniert (Abb. 85).

Abb. 85

Schwerelosigkeit

Lektion 16: Leichtigkeit spüren und darstellen

Das klassische Ballett ist mit seinen Hebefiguren ein Beispiel dafür, welche Energie und Kraft benötigt wird, um die Schwerkraft zu überwinden und einen Körper gleichsam mühelos zu heben. Diese scheinbare Schwerelosigkeit kontrastiert mit der Schwere des Körpers und der Kraft, die der Hebeakt benötigt. Nun geht es an dieser Stelle nicht darum, Hebeakte in der tänzerischen Bewegung zu trainieren. Vielmehr geht es darum zu erkennen, was Schwerelosigkeit bedeutet.

- Schwerelosigkeit lässt sich z.B. bei Seifenblasen erkennen, die man in die Luft bläst, die aufsteigen, sich langsam senken, die man leicht mit Kopf, Hand, Arm, Schulter anstoßen kann und die schließlich zerplatzen. Ähnlich bei einer Daunenfeder, die man durch wiederholtes Blasen lange in der Luft halten kann und die dann niederschwebt. Wie sieht eine solche Bewegung aus? (Abb. 86)

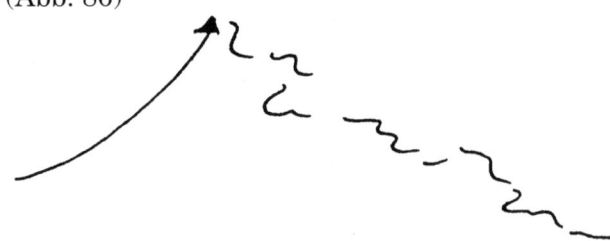

Abb. 86

- Diesen Steig- und Senkflug ahmen die Teilnehmer mit ihren eigenen Körperbewegungen nach (Abb. 87).

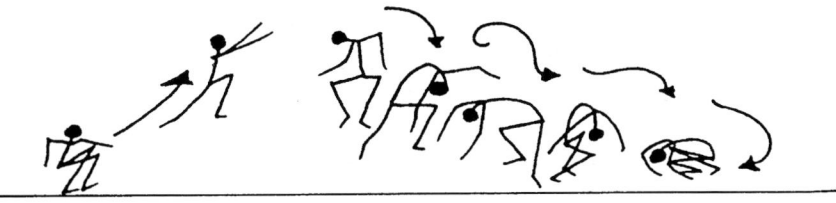

Abb. 87

- Noch vielfältiger wird dieses Imaginieren und Imitieren der Schwerelosigkeit, wenn sich zwei Teilnehmer zusammentun (Abb. 88).

Abb. 88

Lektion 17: Entwicklung einer leichten Bewegungsphrase

- Die Erfahrung der Imitation der Schwerelosigkeit mittels Körperbewegungen in der Paargruppe kann in die Entwicklung einer leichten Bewegungsphrase eingebracht werden. Dabei imitiert ein Partner das Steigen, Niederschweben, Wiederaufsteigen der Feder, während er andere durch leichte Berührungen diese Feder in Bewegung setzt und hält (Abb. 89).

Abb. 89

- Dieses Spiel mit der Feder kann auch im Gruppenprozess durchgeführt werden. Hier interessiert uns die Bewegung auf der Fläche. Mehrere Teilnehmer stehen zunächst zusammen. Die Gruppenteilnehmer werden angestoßen und rollen wie Kugeln auseinander. Sie können noch einmal angestoßen werden, damit sie noch weiter auseinanderrollen. Schließlich finden sich aber wieder alle in der Gruppe zusammen (Abb. 90).

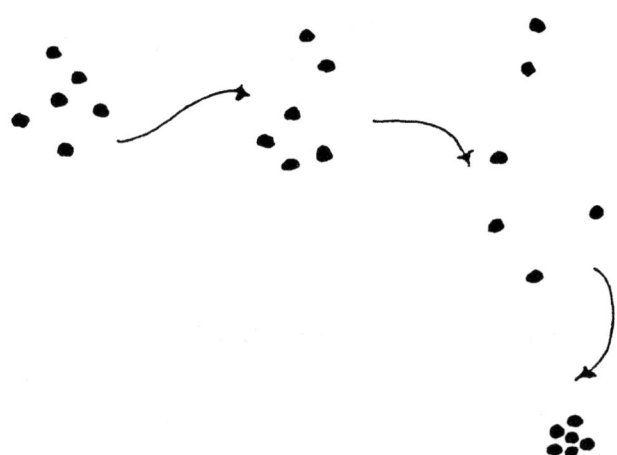

Abb. 90

Lektion 18: Bewegung und Rhythmus

Bewegung und Rhythmus ergänzen einander.

- Erschaffe eine Sequenz von vier Bewegungen nach einem bestimmten Rhythmus (Abb. 91).

Abb. 91

- Tanze die Sequenz mit einem Partner, einmal genau konform miteinander (Abb. 92a), dann gegenläufig zueinander (Abb. 92b), schließlich alternierend (Abb. 92c).

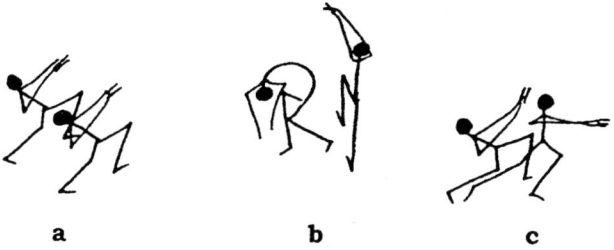

Abb. 92

Linien und Struktur; Dimensionen

Linien sind ein wesentliches Element im Tanz. Dabei sind gerade Linien mit dem Körper schwer zu demonstrieren, besteht unser Körper doch mehr aus Rundungen.

Lektion 19: Horizontalität

- Das Bewusstsein für Horizontalität stellt sich am leichtesten ein, wenn man sich flach auf den Boden legt (Abb. 93).

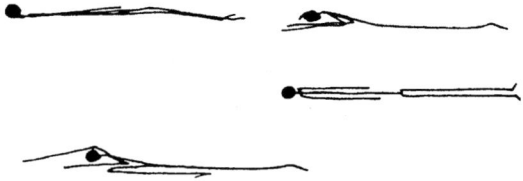

Abb. 93

- Durch das Strecken des Körpers und von Gliedmaßen lässt sich zumindest teilweise eine horizontale Linie darstellen (Abb. 94).

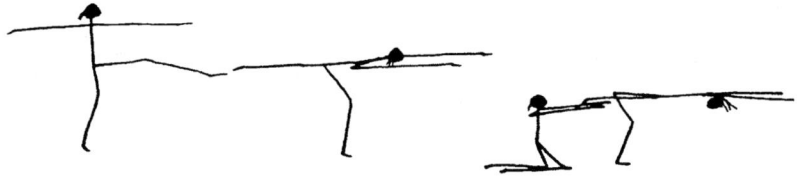

Abb. 94

- Die gilt zumal dann, wenn man technische Hilfsmittel wie Tisch und Stuhl hinzuzieht (Abb. 95).

Abb. 95

- Wähle drei oder vier dieser Formen aus und füge sie zu einer tänzerischen Sequenz zusammen (Abb. 96).

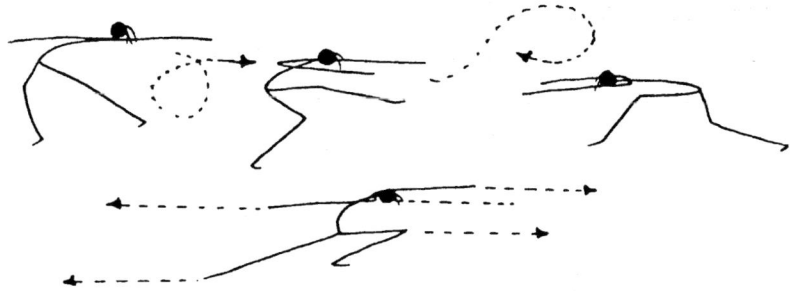

Abb. 96

- Insbesondere durch die Hand- und Unterarmhaltung kann der Eindruck einer horizontalen Ebene erzeugt werden (Abb. 97).

Abb. 97

- Dies gilt insbesondere dann, wenn man Tische und Kisten zu Hilfe nimmt (Abb. 98).

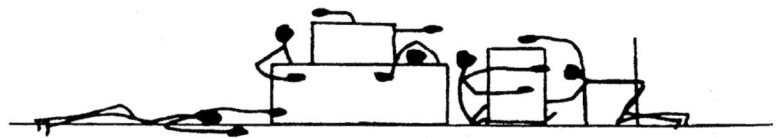

Abb. 98

Lektion 20: Vertikalität

- Die vertikale Ausrichtung des menschlichen Körpers ist offensichtlich. Der aufrechte, der vertikale Gang ist ein wesentliches Merkmal der Spezies Mensch. Es lässt sich gleichsam ein Lot durch den Körper des Menschen denken (Abb. 99).

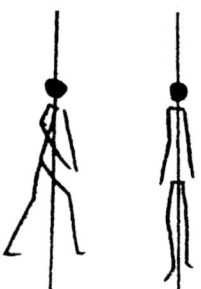

Abb. 99

- Setze den Körper ein, vertikale Linien im Zimmer, Haus usw. zu erkunden (Abb. 100).

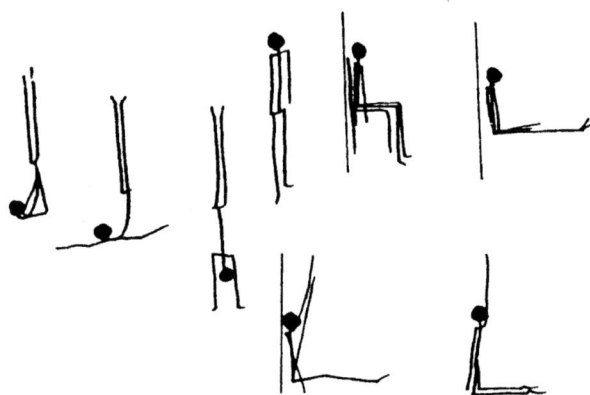

Abb. 100

- Die Teilnehmer stellen sich in Parallelgruppen mit eng anliegenden Gliedmaßen zueinander, um die Vertikalität zu betonen (Abb. 101).

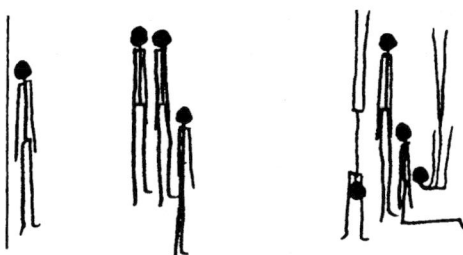

Abb. 101

- Suche nach Stellungen, die horizontale und vertikale Linien miteinander kombinieren. Achte dabei auf den rechten Winkel zwischen den horizontalen und vertikalen Linien (Abb. 102).

Abb. 102

- Die Teilnehmer kreieren zu zweit und zu dritt Formen, in denen sich vertikale und horizontale Linien kreuzen (Abb. 103a+b).

Abb. 103a

Abb. 103b

- Untersuche Stützlinien, indem du dich in verschiedenen Positionen gegen Mauern oder einen Partner stützt (Abb. 104).

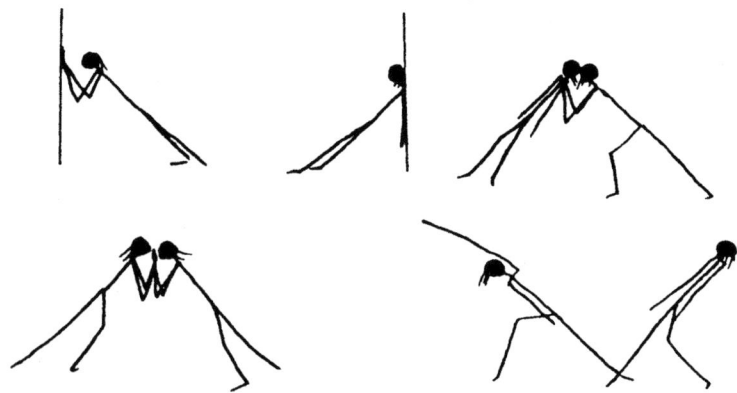

Abb. 104

- Gerade Linien können abgebrochen sein. Wie lässt sich dies mittels Körperbewegungen darstellen? (Abb. 105)

Abb. 105

- Kreiere eine Bewegungssequenz, bei der die Körperlinie zunehmend gebrochen erscheint (Abb. 106).

Abb. 106

Lektion 21: Nach innen und nach außen gerichtete Formen

Im Tanz können Bewegungen nach innen und nach außen gerichtet sein.

- Sich in sich zurückziehen, sich verbergen, sich kuscheln, schrumpfen – diese Worte stehen für eine nach innen gerichtete Körperbewegung. Metaphorisch stehen sie für Schüchternheit, Ruhebedürfnis, Privatheit, Furcht, sich vor Kälte schützen. Die Teilnehmer machen entsprechende Körperbewegungen (Abb. 107).

Abb. 107

- Im allgemeinen richten sich tänzerische Bewegungen nach außen. Die Teilnehmer produzieren nach außen gerichtete, offene, raumgreifende Bewegungen (Abb. 108).

Abb. 108

- Beide Bewegungsstile (nach innen und nach außen gerichtet) können in einer tänzerischen Sequenz miteinander kombiniert werden (Abb. 109).

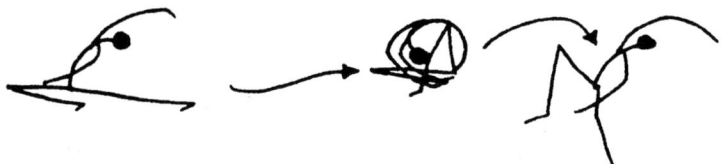

Abb. 109

- Die Kombination von innen nach außen kann auch in Form eines Gruppentanzes geschehen, bei dem die Teilnehmer sich zunächst zu einer geschlossenen Form zusammenfinden, um sie dann mit Energie nach außen zu öffnen (Abb. 110).

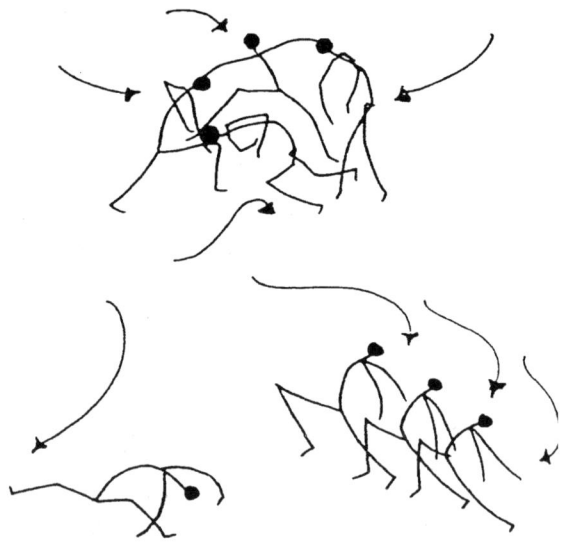

Abb. 110

- Eine weitere nach außen gerichtete Form, zu der sich die Teilnehmer in der Gruppe in unterschiedlichen Positionen zusammenschließen, bildet eine Art von Absperrung, die doppelt gestaffelt sein kann (Abb. 111a) oder einzeilig sein kann (Abb. 111b).

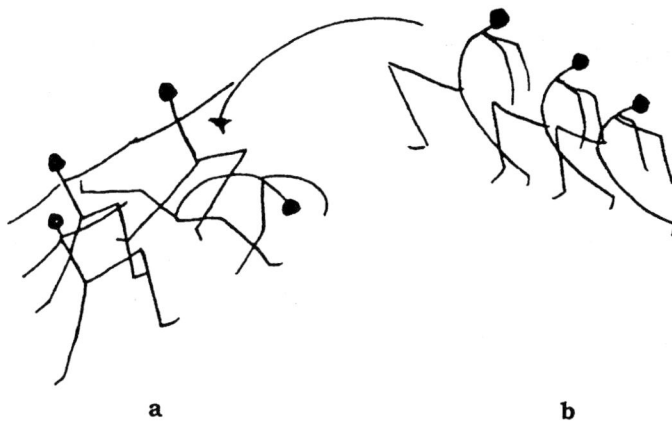

        a   **b**

Abb. 111

Lektion 22: Umfassende und umfasste Formen

- Die Teilnehmer erkunden anhand einer Zwiebel die Funktion von umschließenden und eingeschlossenen Formen (Abb. 112).

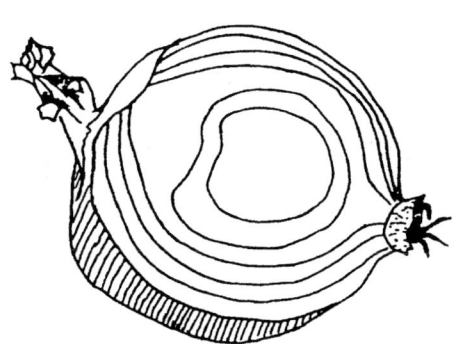

Abb. 112

- Die Teilnehmer bauen eine Zwiebel von innen nach außen auf (Abb. 113).

Abb. 113

- Die Teilnehmer spielen „Verpacken" oder „Einpacken" (Abb. 114)

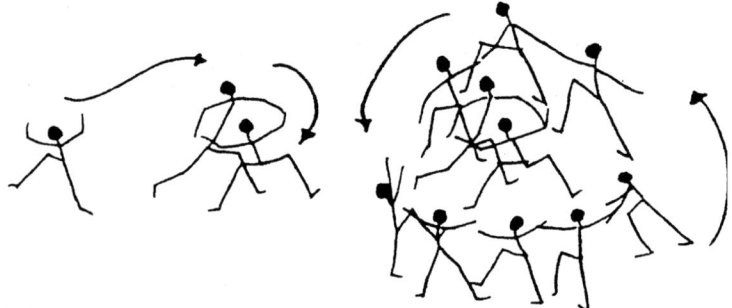

Abb. 114

- und „Auspacken" (Abb. 115).

Abb. 115

- Auch im Paartanz lassen sich *umfassende* und *umfasste* Formen bilden, wobei in unterschiedlichen Positionen mal der eine Partner, dann der andere Partner die Umhüllung bildet (Abb. 116).

Abb. 116

- Ein Teilnehmer spielt die Verpackung. Was passiert mit der instabilen Verpackung, wenn der Inhalt entnommen wird? Wie verändert sich die Verpackung, fällt sie in sich zusammen? (Abb. 117)

Abb. 117

- Was geschieht mit dem Inhalt, wenn man die Verpackung entfernt? Bleibt er so wie er war? Oder flüchtet er gar? (Abb. 118)

Abb. 118

Tänzerische Umsetzung von Beobachtungen

Tänzerische Bewegung setzt Beobachtung voraus. Anhand von zwei Beispielen soll dies dargetan werden

Lektion 23: Pflanzen beobachten und darstellen

- Die Teilnehmer beobachten eine Trauerweide, eine gebogene Birke, einen Goldregen oder eine andere Pflanze mit hängenden Zweigen, Blättern und Blüten. Mit diesen Beobachtungen experimentieren sie mit ihren Körperteilen. Mit welchen Gliedmaßen kann man hängende Zeige, Blüten usw. gestalten? Wie kann man das Zittern und Flattern der Zweige und Blütendolden imitieren? (Abb. 119)

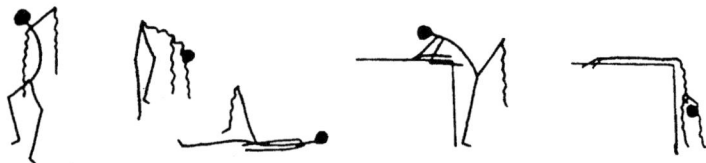

Abb. 119

- Um den Effekt des Bewegens und Flatterns im Wind zu erreichen, kann man lange, gefaltete Papierstreifen an den Gliedmaßen halten (Abb. 120).

Abb. 120

- Die Teilnehmer bilden eine Gruppe von Büschen, deren Zweige, Blätter, Blüten vom Wind fest in eine Richtung geblasen werden (Abb. 121).

Abb. 121

- Pflanzen haben oft Stacheln (Abb. 122).

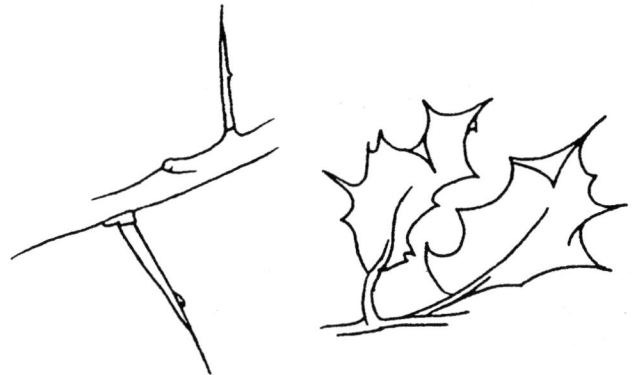

Abb. 122

- Wie kann man diese Stacheln darstellen, mit Fingern, mit der Hand, mit anderen Extremitäten? (Abb. 123)

Abb. 123

- Pflanzen schlängeln und ranken sich oft um andere Pflanzen oder Gegenstände (Abb. 124).

Abb. 124

- Wie kann man dieses Ranken und Schlängeln mit Körperbewegungen darstellen? (Abb. 125)

Abb. 125

Lektion 24: Ballspiele beobachten und darstellen

Die Teilnehmer beobachten zunächst verschiedene Beispiele von Ballspielen? Was sind typische Vorgänge, Situationen, Körperbewegungen, Stellungen?

- Die Teilnehmer ahmen einzeln Situationen und Körperhaltungen in Zeitlupe nach und frieren diese Figuren ein (Abb. 126).

Abb. 126

- Dasselbe geschieht sodann in Paarbeziehungen (Abb. 127).

Abb. 127

Ton, Sprache, Stimme und Bewegung

Lektion 25: Der Körper als Klanginstrument

Der Körper kann als Klanginstrument eingesetzt werden. In die Hände klatschen, sich auf die Schenkel klopfen, sich mit den Fäusten auf die Brust trommeln, sich mit den Fingern auf die Backen trommeln und durch Veränderung der Mundöffnung Töne von unterschiedlicher Höhe hervorrufen, bei geschlossenem Mund zu summen, das „Plopp" hervorgerufen mittels des Fingers und des Munds – dies sind nur einige Beispiele aus einem unbeschränkten Reservoir. Miteinander kombiniert kann daraus ein ganzes Musikstück entstehen.

- Solche Klänge interessieren im Kontext von tänzerischen Körperbewegungen. Das nachstehende Beispiel (Abb. 128) enthält die Choreographie einer kurzen Bewegungssequenz analog zu entsprechenden Lauten und Klängen, wobei die erste Zeile die Körperbewegung skizziert und die zweite Zeile die vertikale und horizontale Bewegungsrichtung.

Abb. 128

Lektion 26: Stimmliche und sprachliche Begleitung

Der Einsatz der Stimme und Sprache zur Begleitung von tänzerischer Bewegung ist nicht einfach. Einige Beispiele sollen hierzu Anregungen geben.

- Zunächst eine einfache Übung, die lediglich die tänzerischen Bewegungen sprachlich benennt und diese hierdurch unterstreicht (Abb. 129).

a): *„Ich gehe niedriger, niedriger, niedriger"*

b): *„Plötzlich explodiere ich, aufwärts!"*

c): *„Ich lande auf dem Boden und verhalte mich ganz still"*

d): *„Langsam erhebe ich mich, höher, höher"*

e): *„Und strecke mich nach einem rettenden Gegenstand"*

Abb. 129

- Im folgenden Beispiel geht es nicht um die Benennung der äußeren Körperbewegungen, sondern um die damit einhergehenden Vorstellungen und Imaginationen (Abb. 130).

a): *„Die Hände sind wie flatterndes im Wind umherwirbelndes Papier"*

b): *„Die Hände erheben sich vom Boden, wie wenn Wasser von ihnen abtropfte"*

c): *„Jede Hand sucht den Raum um den Körper herum ab"*

d): *„...und findet ihre Ruhe in dem Zusammenschluss mit der anderen Hand"*

Abb. 130

- Eine kleine Variante: Die Teilnehmer sitzen zusammen in Hockstellung auf dem Boden. Die Gruppenleiterin nennt die Namen der Teilnehmer. Der aufgerufene Teilnehmer springt daraufhin aus der Hocke in die Höhe (Abb. 131).

Abb. 131

Beziehung herstellen

Lektion 27: Tänzerisch-körperliche Arbeit mit Gegenständen: Blöcke

Tanzen hat immer auch mit Beziehung zu tun: zwischen den Tänzern, zwischen Tänzer und Raum, zwischen verschiedenen Bewegungen, zwischen Bewegung und Musik usw. Im folgenden soll genauer die Beziehung zwischen dem Tänzer und einem Gegenstand in Form eines Blocks untersucht werden. Hierbei können unterschiedliche Einstellungen und Beziehungen dargestellt werden: Opposition, Beherrschung, Unterstützung, Verehrung, Schutz usw.

- Man kann sich an den Block anlehnen oder an ihn stützen: entspannt (Abb. 132).

Abb. 132

- oder in Trauer (Abb. 133a), Schutz suchend (Abb. 133b) oder in Angst (Abb. 133c).

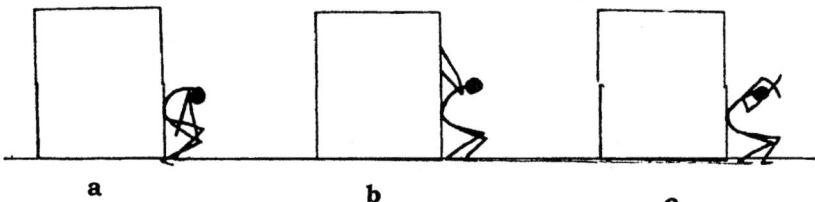

Abb. 133

- Man kann sich neben dem Block niederlassen oder auf ihm ruhen (Abb. 134).

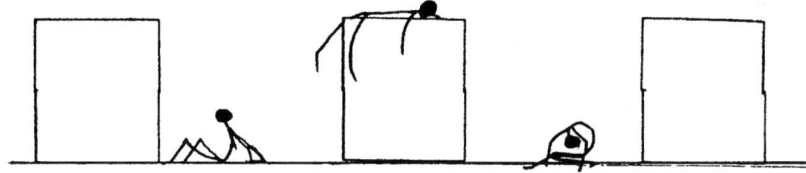

Abb. 134

- Man kann versuchen, den Block zu umfassen (Abb. 135).

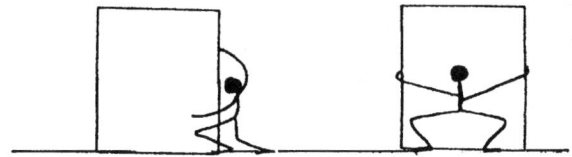

Abb. 135

- Man kann mit ausgestreckten Armen seine Dimensionen ermessen (Abb. 136).

Abb. 136

- Man kann sich schützend vor ihn stellen (Abb. 137).

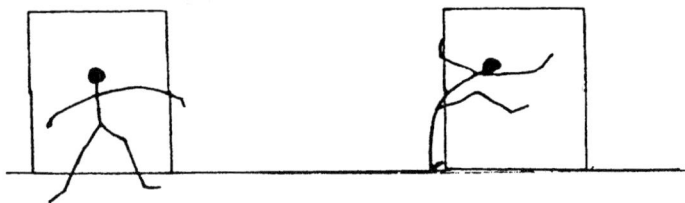

Abb. 137

Lektion 28: Fokussieren mit dem Auge

Wie und wohin ein Tänzer guckt, spielt im Tanz eine wesentliche Rolle für die damit vermittelte Botschaft. Einem Tänzer zuzusehen, dessen Augen nicht Teil seiner Bewegung sind, ist wie das Sprechen mit jemandem, der dem Blick ausweicht.

- Zwei Teilnehmer bewegen sich rückwärts laufend voneinander weg, behalten dabei aber immer Augenkontakt. Dadurch wird eine starke Beziehung zwischen beiden geschaffen (Abb. 138).

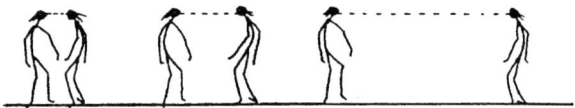

Abb. 138

- Alle aus einer Gruppe richten ihren Blick auf einen bestimmten Punkt, ein imaginäres Objekt. Dieses imaginäre Objekt umkreisen sie zusammen oder einzeln, wobei sie es ständig mit ihren Augen fixieren (Abb. 139).

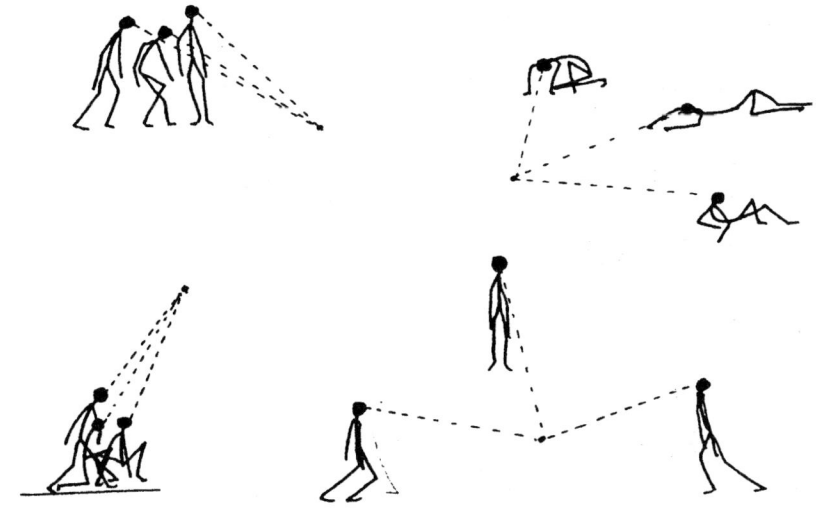

Abb. 139

- Manchmal stellen sich zwischen die Augen und das fixierte Objekt Gegenstände oder Menschen. Dies wird in einer Gruppe dargestellt. Dabei kann es notwendig sein, über andere hinwegzusteigen, unter sie durchzukrabbeln, um zu dem fixierten Objekt zu gelangen (Abb. 140).

Abb. 140

Musik und Tanz

Die Beziehung zwischen Musik und Tanz ist ein weites Feld, das hier nur angeschnitten werden kann. Die folgenden Übungen verstehen sich lediglich als knappe Hinweise.

Lektion 29: Klänge und Akkorde tänzerisch umgesetzt

- Mittels eines geeigneten Musikinstruments wird ein Ton vom *pianissimo* (pp) bis zum *fortissimo* (ff) verstärkt (Abb. 141).

Abb. 141

- Die Steigerung vom pianissimo zum *fortissimo* kann auch dadurch erfolgen, dass auf einem Klavier zunächst ein leiser Ton angeschlagen wird und sodann in folgenden wachsenden Akkorden die Lautstärke zum *fortissimo* gesteigert wird. Die Steigerung der Lautstärke und die Erweiterung der Akkorde können dadurch dargestellt werden, dass beim *pianissimo* zunächst eine Einzelperson niederhockt, dann immer wieder eine weitere Person hinzukommt, wobei die Körper sich zunehmend erheben, bis sie beim *fortissimo* mit hoch nach oben ausgestreckten Armen stehen (Abb. 142).

Abb. 142

- Eine Sequenz von aus zwei Tönen bestehenden Akkorden kann in seinen unterschiedlichen Tonhöhen von zwei Teilnehmern dargestellt werden (Abb. 143).

Abb. 143

Lektion 30: Takt, Rhythmus, Tonfolge und Bewegung

- Rhythmus ist eine Kombination von Akzentuierung und Zeit. Schlage eine Trommel mit gleichem Schlag und Zeitabstand. Gehe mit der gleichen Schrittlänge und Geschwindigkeit:

- Akzentuiere immer einen Schritt/Fuß (also immer den rechten oder immer den linken Fuß), wobei bei dem akzentuierten Schritt ein Trommelschlag gemacht wird:

- Akzentuiere einen Schritt, mache dann zwei normale Schritte, dann wieder einen akzentuierten Schritt, dann wieder zwei normale Schritte usw. (so dass abwechselnd der linke, dann der rechte Fuß usw. akzentuiert wird), wobei bei dem akzentuierten Schritt ein Trommelschlag gemacht wird:

- Wie kann man mit Körperbewegungen Akzente setzen? Vor allem indem man die Körperbewegung mit akzentuierten Hand- und Körperbewegungen unterstützt (Abb. 144).

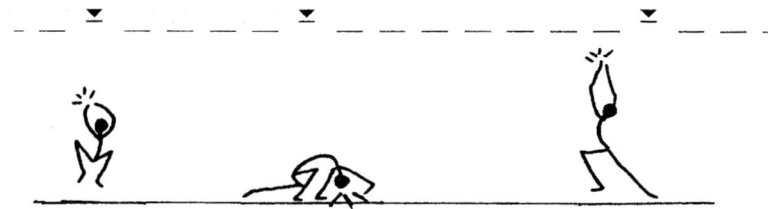

Abb. 144

- Dazu einige weitere Beispiele (Abb. 145).

Abb. 145

- Wie lässt sich eine Tonfolge in tänzerische Bewegungen umsetzen? Es liegt nahe, niedrige Töne in niedrigen Figuren und hohe Töne in hohen Figuren darzustellen (Abb. 146).

Abb. 146

Bewegungsabläufe

Tanz ist allemal ein Bewegungsablauf. Dies ist in allen bisherigen Übungen deutlich geworden. Anhand einiger weiterer Übungen soll das Bewusstsein hierfür noch einmal geschärft werden.

Lektion 31: Übergänge

Übergänge – dies steht für die Verwandlung von einem in einen anderen Zustand oder Position.

- Nach unten schwebende Bewegung: dies kann z.B. ein Vogel oder ein Zweig sein (Abb. 147).

Abb. 147

- Von hoch und ausgestreckt (Abb. 148a) bis niedrig und flach (Abb. 148b)

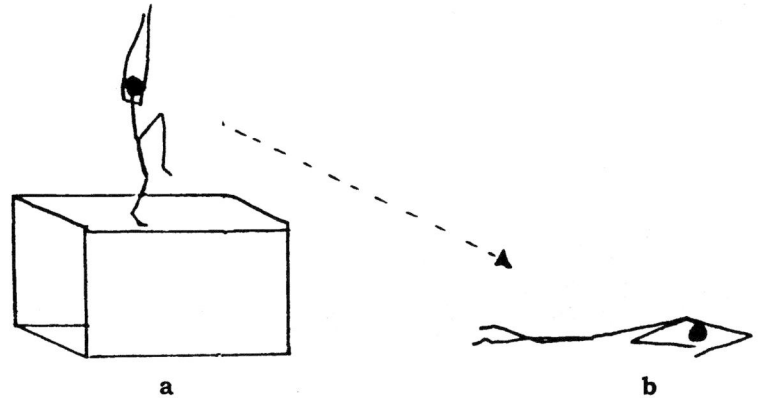

Abb. 148

- Von der aktiven, exaltierten Gemeinsamkeit (Abb. 149a) zur vereinzelten Isoliertheit, Stille, Trauer (Abb. 149b).

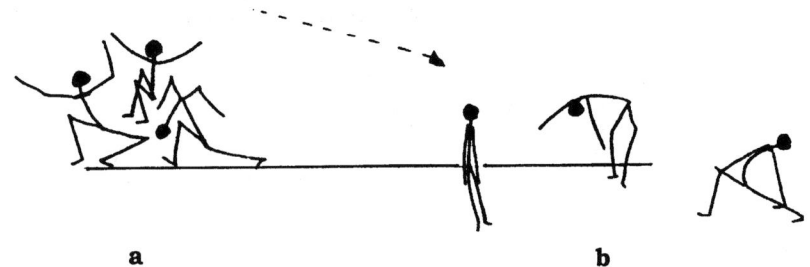

Abb. 149

- Vom ausgestreckten Hochspringen (150a) über das Heruntergleiten (Abb. 150b) und dem kurzen Sich-wieder-Aufrichten (Abb. 150c) bis zum Zusammenschrumpfen (Abb. 150d).

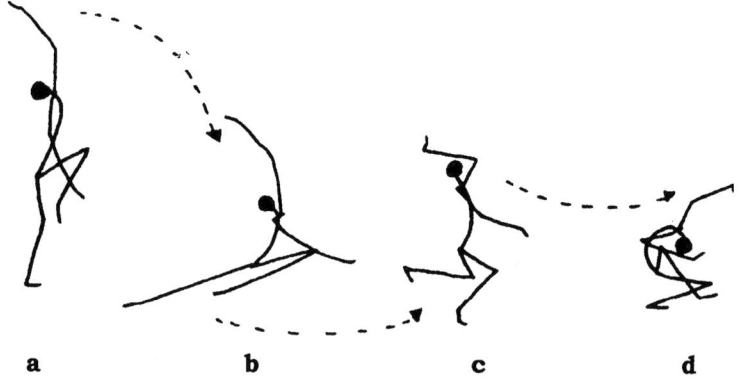

Abb. 150

Lektion 32: Die Bewegungen von Elstern

Die Bewegungen von Elstern sind sowohl in der Luft wie auf dem Boden vielfältig. Insbesondere die charakteristischen flatternden und schwebenden Abheb-, Flug- und Schreitbewegungen von Elstern lassen sich leicht beobachten und eignen sich als anschauliche Vorlage für Bewegungsabläufe.

- Wie flattern Elstern auf dem Boden? Wie bewegen sie sich, um vom Boden in die Luft abzuheben? (Abb. 151)

Abb. 151

- Wie schweben sie auf den Boden herab? (Abb. 152)

Abb. 152

- Elstern balancieren und wippen aufgrund ihrer langen Schwanzfedern ständig. Wie ist dabei die Körperhaltung? Wie geraten sie außer Gleichgewicht und gewinnen wieder Gleichgewicht? (Abb. 153)

Abb. 153

Lektion 33: Arme und ihre Verlängerung

- Arme spielen eine wichtige Funktion bei der tänzerischen Bewegung. Wir haben dies bei vielen Übungen kennengelernt. Hierzu einige weitere Anregungen: Arme können auch zum Schutz, insbesondere des Kopfes (Abwehrhaltung) eingesetzt werden (Abb. 154).

Abb. 154

- Arme lassen sich aber auch verlängern und damit in der tänzerischen Bewegung einsetzen, z.B. durch einen Stock, den man als Spazierstock verwenden kann (Abb. 155)

Abb. 155

- oder als Florett oder Säbel (Abb. 156).

Abb. 156

Lektionen 34: Richtungen

Mit tänzerischen Bewegungen lässt sich in Richtungen verweisen, lassen sich Richtungen erkunden.

- **Nieder und auf:** Sich auf dem Boden niederzulassen, vermittelt ein sicheres Gefühl, der Boden ist fest, man kann nicht fallen. Man kann sich auf dem Boden in verschiedenen Positionen niederlassen und ruhen (Abb. 157a). Auf: das heißt sich nach oben strecken, was nicht unbedingt im Stehen geschehen muss, sondern auch im Sitzen und Knien erfolgen kann (Abb. 157b).

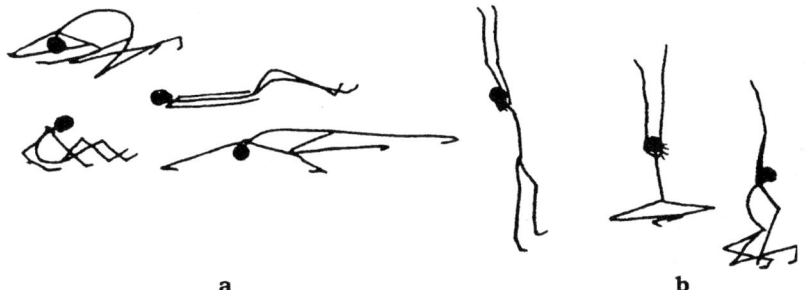

a b

Abb. 157

- **Nach innen und nach außen:** Beide Arme, eng um den Oberkörper verschlungen, verweisen nach innen, schießen nach außen ab. Die Richtung nach innen wird verstärkt, wenn dazu noch ein Beim um das andere geschlungen wird (Abb. 158a). Die nach innen gerichtete Bewegung signalisiert Schüchternheit, eine introvertierte Haltung oder Furcht. Ganz anders die nach außen gewandte Bewegung (Abb. 158b), die Offenheit anzeigt.

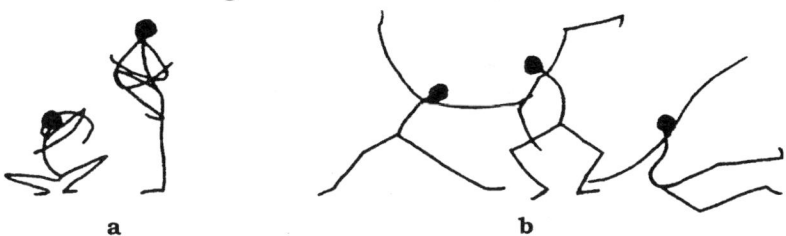

a b

Abb. 158

- **Auf jemand zu und von jemandem zurück:** Tue dich mit einem Partner zusammen. Führe mit ihm Bewegungen des Auf-einander-Zugehens und des Von-einander-Zurückweichens aus. Welche Gefühle ergeben sich aus dem Zugehen auf jemandem und aus dem Zurückweichen vor jemandem? (Abb. 159)

Abb. 159

Tänzerische Bewegung in der Gruppe

Die tänzerische Bewegung in der Gruppe haben wir im Verlaufe der bisherigen Übungen wiederholt kennengelernt. Nachstehend sollen einige weitere Beispiele gezeigt werden.

Lektion 35: Statische versus bewegte Gruppe

Tänzerische Bewegung heißt nicht immer Bewegung. Tanzen hat gerade in der Gruppe mit der Zuordnung von Menschen und Teilgruppen zueinander zu tun, mit Strukturierung und Raumaufteilung. Dies lässt sich vor allem mittels statischer Gruppenanordnungen demonstrieren.

- Hierfür ein Beispiel (Abb. 160).

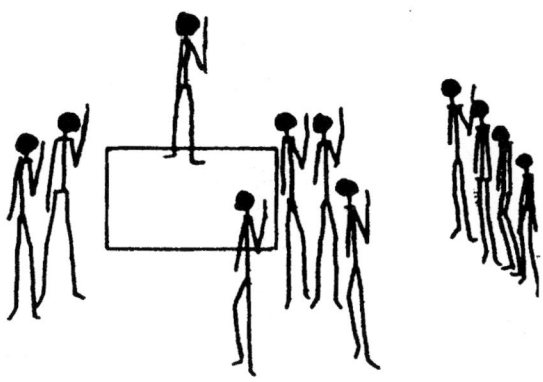

Abb. 160

- Dies ein anderes Beispiel (Abb. 161).

Abb. 161

- Derartige im wesentlichen statische Gruppen kontrastieren mit bewegten Gruppen. Hierfür ein Beispiel (Abb. 162).

Abb. 162

- Bei der Gruppenbewegung kommt es wesentlich darauf an, den Raum zu umfassen und einzubeziehen (Abb. 163).

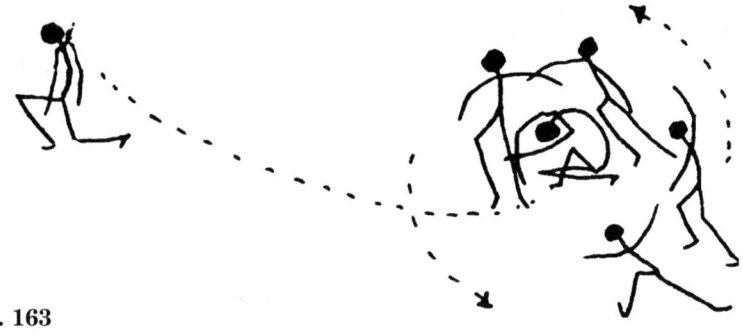

Abb. 163

- Zeichnerisch wird die Bewegung im Raum mittels einer Aufsicht von einzelnen Gruppenfiguren deutlich (Abb. 164).

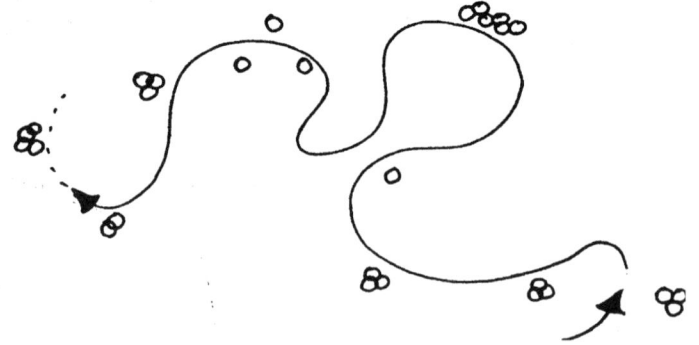

Abb. 164

Lektion 36: Bewegungsabläufe in der Gruppe

Tanzen ist immer eine Frage der Bewegungsabläufe. Dies gilt auch für die Gruppe. Wir haben dies im Verlauf der bisherigen Übungen wiederholt erfahren. Hierzu noch einige ergänzende Beispiele.

- Die Gesamtgruppe spaltet sich in Untergruppen, die zusammen eine kohärente Form bilden, z.B. einen sich erweiternden Kreis (Abb. 165).

Abb. 165

- Die Gruppenmitglieder ziehen oder stoßen sich, heben einander auf und lassen sich nieder usw. (Abb. 166).

Abb. 166

- Zunächst schmiegen sich die Gruppenmitglieder so eng wie möglich aneinander. Danach entfaltet sich zunehmend die Gruppe (Abb. 167).

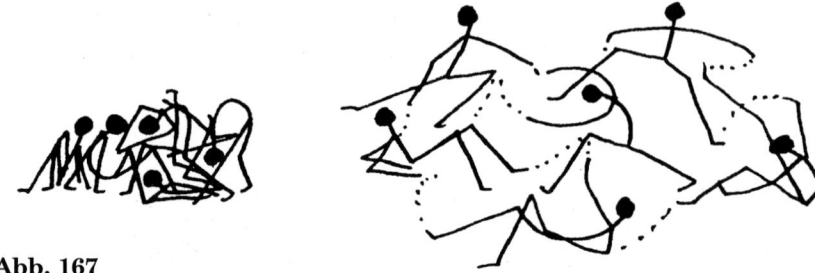

Abb. 167

- Innerhalb der Gruppe „entfalten" sich die Gruppenmitglieder, indem sie ihre Gliedmaßen immer weiter ausstrecken (Abb. 168).

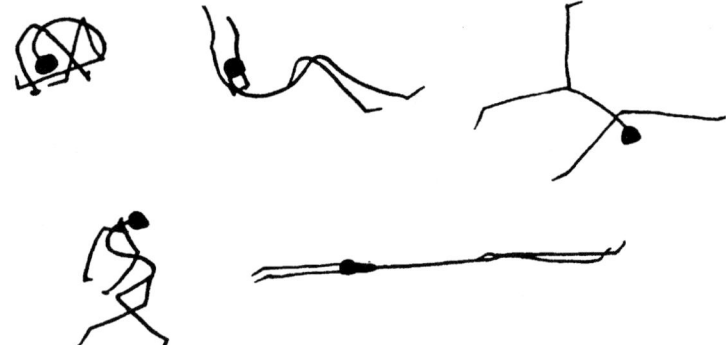

Abb. 168

- Hier eine Anregung, wie eine kleine Gruppe sich entfaltet (Abb. 169).

Abb. 169

- Bewegungsabläufe in der Gruppe können mehr statischer, distanzierter Art (Abb. 170a) oder bewegter, zusammenfindender Art sein (Abb. 170b).

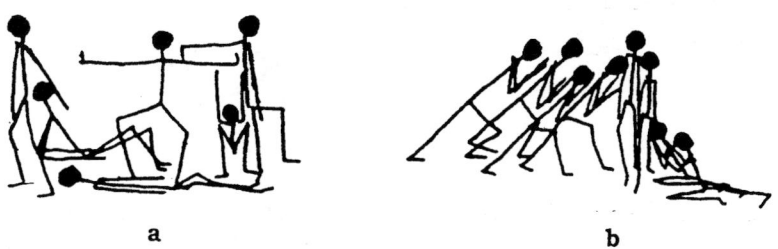

a b

Abb. 170

Lektion 37: Formgebung mittels der Gruppe

Tanz ist immer Formgebung. Dies soll zu den bisherigen Erfahrungen anhand weiterer Beispiele dargelegt werden.

- In der Dunkelheit findet sich eine Gruppe in Keilform eng zusammen, um der Keilform des Strahls einer Taschenlampe zu folgen (Abb. 171).

Abb. 171

- Eine Gruppe bildet unterschiedliche geometrische und nicht-geometrische Formen (Abb. 172).

Abb. 172

- Auch Kegel oder aufsteigende Linien lassen sich mittels der Gruppe formen (Abb. 173).

Abb. 173

- In der Gruppe bedeutet Formgebung oft das Einnehmen identischer Positionen (Abb. 174).

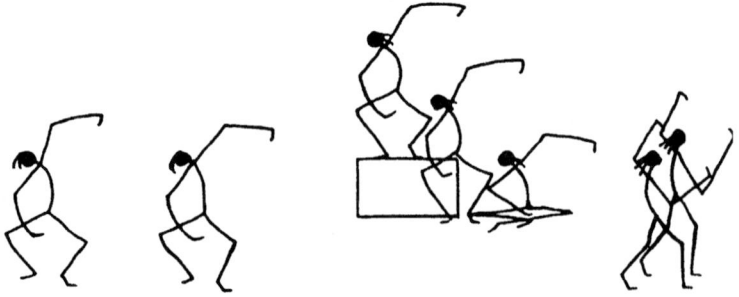

Abb. 174

- Formgebung kann sich auch auf den inhaltlichen Ausdruck beziehen. So bei der Darstellung von Hungersnot (Niederlegen aufgrund von hungerbedingter körperlicher Schwäche) und Armut (Abb. 175).

Abb. 175

- Oder bei der Darstellung eines Zuges von müden Gefangenen (Abb. 176).

Abb. 176

- Mittels des symbolischen Ausdrucks kann auch das Schützen (durch eine ausholende, „einschließende" Geste) und das Geschütztwerden (Zuordnung einer sich klein machenden Person zu dem Schutzkreis der schützenden Person) ausgedrückt werden (Abb. 177).

Abb. 177

- Durch Bewegungsform können auch Auseinandersetzung (Abb. 178a) und Unterwerfung dargestellt werden (Abb. 178b).

Abb. 178

Technik

Eine besondere Herausforderung stellt es dar, technische Gegenstände und Vorgänge mittels tänzerischer Bewegung darzustellen. Das große Vorbild hierfür ist Charlie Chaplins Kampf mit den Maschinen in seinem Film *Moderne Zeiten*.

Lektion 38: Fahrrad

Ein technischer Alltagsgegenstand ist das Fahrrad. Dabei interessieren zwei Bewegungsbereiche: (1) Die Bewegungen des Menschen beim Fahrradfahren und (2) der Bewegungsmechanismus des Fahrrads.

- Zur Darstellung des Fahrradfahrens kann man ganz unterschiedliche Positionen einnehmen. Hier einige Beispiele (Abb. 179).

Abb. 179

- Fahrradfahren bedeutet die Überwindung eines Kraftwiderstands. Diese unterschiedlichen Kräfte können in der Paarbeziehung erfahren werden, wobei der eine Partner schiebt, der andere geschoben wird, der eine zieht, der andere gezogen wird usw. (Abb. 180).

Abb. 180

- Hinsichtlich des Fahrrades selbst werden die verschiedenen Funktionen, wie das Antriebs- und das Bremssystem, untersucht und in Form von Paarbewegungen dargestellt (Abb. 181).

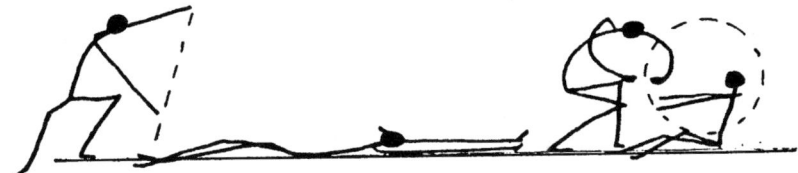

Abb. 181

- Wie können die Pedale und die Übertragung zwischen den Zahnrädern mittels der Kette (Abb. 182) dargestellt werden?

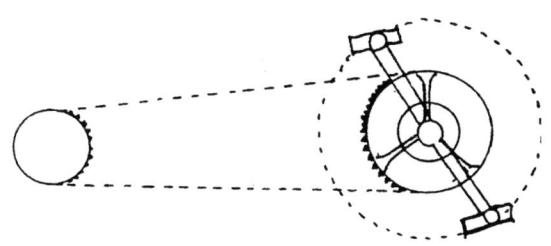

Abb. 182

Lektion 39: Magnetismus

Das Phänomen des Magnetismus eignet sich in besonderem Maße als Vorlage für tänzerische Bewegungen. Zunächst einmal aufgrund der beiden Pole für die tänzerische Arbeit in Paaren. Wie ziehen Pole an und wie stoßen sie ab? Wie erfährt man das magnetische Feld um einen Pol herum? Die Teilnehmer sollten die Kräfte des Magnetismus anhand der bekannten kleinen physikalischen Versuche (Eisenspäne) erfahren, bevor sie sich an die Umsetzung des Wirkens magnetischer Kräfte mittels tänzerischer Bewegungen machen.

- In Paarbeziehungen werden die beiden Pole dargestellt. Auch beim Umherwandern werden die Entfernungen zwischen den beiden Polen eingehalten (Abb. 183).

Abb. 183

- Durch Körperbewegungen werden die magnetischen Anziehungskräfte dargestellt. Ebenso die Versuche, dieser Anziehungskraft entgegenzuwirken. Dies kann einzeln geschehen (Abb. 184).

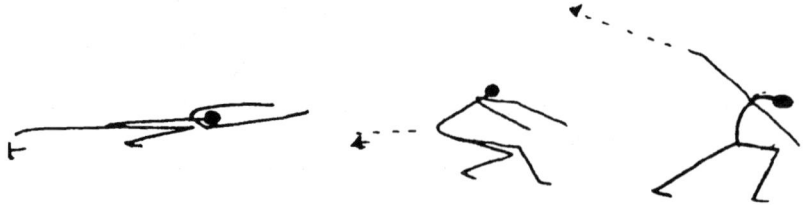

Abb. 184

- Oder in Paarbeziehungen (Abb. 185).

Abb. 185

- Man denke an ein imaginäres magnetisches Feld und versuche, in dieses einzudringen, obwohl es den Körper abstößt (Abb. 186).

Abb. 186

- Zunächst wird beobachtet, wie Eisenspäne reagieren, die einem magnetischen Feld ausgesetzt werden. Was geschieht mit diesen Eisenspänen, wenn dieses magnetische Feld abgeschaltet wird? In einer Gruppe wird das Aufrichten der Eisenspäne angesichts der magnetischen Wirkung (Abb. 187a) und deren In-sich-Zusammenfallen bei Beendigung der magnetischen Wirkung (Abb. 187b) umgesetzt.

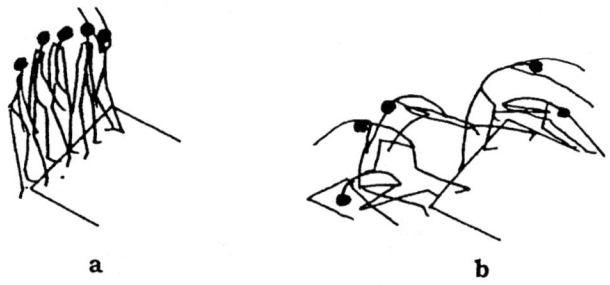

a　　　　　　　　　　　b

Abb. 187

Wasser, Meer, Wind, Sturm, Sand, Strand

Die Themen für tänzerische Bewegungen sind unbegrenzt. Sie finden sich auch in der Natur. Vor allem eignen sich solche Elemente der Natur, die mit Bewegung verbunden sind, wie Wasser, Meer, Wind, Sturm, Sand.

Lektion 40: Wasser

- Wasser verteilt sich auf Flächen, es fließt eine Schräge hinab. In tänzerischen Bewegungen lässt sich die Verteilung auf einer glatten Fläche darstellen oder das Herunterrinnen von einer Fläche zur anderen (Abb. 188).

Abb. 188

- Eis kann gefrieren. Gefrorenes Wasser kann Formen bilden. Die Moleküle haften eng zusammen. Wie lässt sich dies darstellen? (Abb. 189)

Abb. 189

- Wellen können unterschiedlicher Art sein, können sich hoch auftürmen oder nur leise kräuseln. Wir lassen sich Wellen in tänzerischer Bewegung darstellen? (Abb. 190)

Abb. 190

Lektion 41: Meer, Wind, Sand, Strand

Die Beobachtung von Meer, vor allem, wenn es dem Sturm ausgesetzt ist, gibt viele Anregungen für tänzerische Bewegungen.

- Wasserwellen, die an den Strand anstoßen, gehen vorwärts und rückwärts. Solche Anstoß- und Rückflussbewegungen lassen sich durch Vor- und Zurückschwingen des Körpers darstellen, im Stehen, Sitzen, Liegen und Knien (Abb. 191).

Abb. 191

- Auf den Wellen schaukeln oft Gegenstände hin und her, wie altes Holz (Abb. 192a), Kleinteile, die durcheinanderwirbeln (Abb. 192b) oder Algen (Abb. 192c).

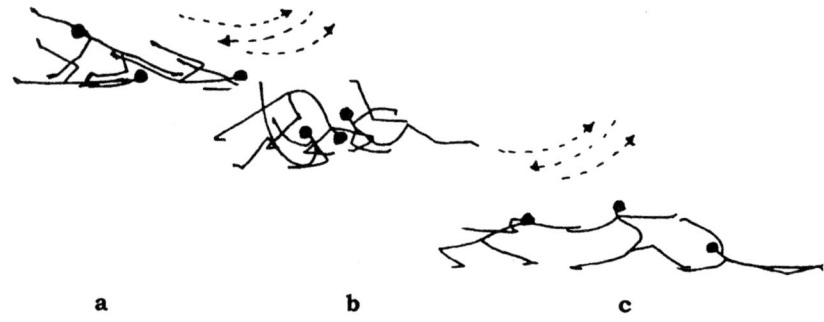

Abb. 192

- Wie lässt sich eine große, sich überschlagende Woge durch eine Gruppe darstellen? (Abb. 193)

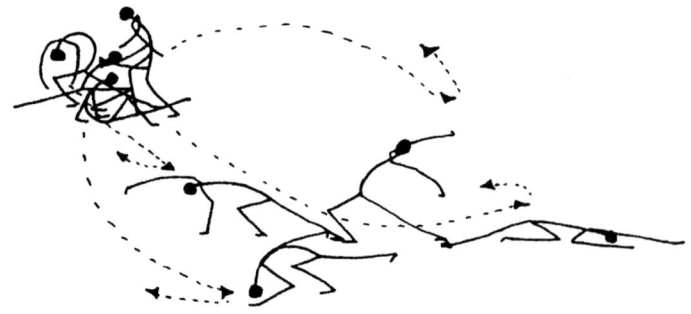

Abb. 193

- Der Wind streicht über die Dünung und das Gras hinweg. Wie lässt sich das tänzerisch darstellen? (Abb. 194)

Abb. 194

- Der Wind wird zum Sturm. Der Sturm ist so heftig, dass er Bäume umbiegt und umknickt (Abb. 195).

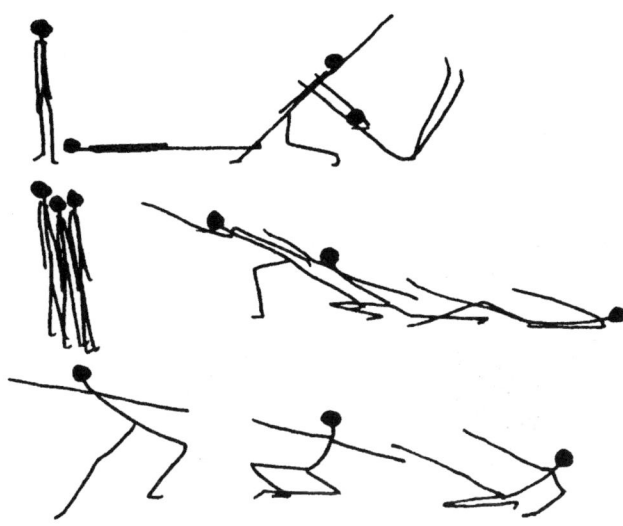

Abb. 195

- Oder der Sturm wirbelt ein Grasstück durch die Luft (Abb. 196).

Abb. 196

- Donner: Mittels Trommeln oder einem schwingenden Blech lässt sich Donner in verschiedener Lautstärke erzeugen. Das Rollen des Donners bietet sich zur tänzerischen Umsetzung an. Zunächst das laute (nach oben steigende) Grollen (tänzerisch umgesetzt durch Rollen), dann das Abebben des Grollens, bis es schließlich endet (Abb. 197).

Abb. 197

- Meer und Sand werden zum Strand. Wie bettet man sich im Sand. Wie schützt man sich, wenn der Sturm den Sand hochwirbelt? (Abb. 198)

Abb. 198

- Wie springt man von einem Handtuch zum anderen oder darüber hinweg? (Abb. 199)

Abb. 199

- Oder wie bewegt man sich an einem Strand mit Klippen und Felsen? (Abb. 200)

Abb. 200

Literatur

Artus, Hans-Gerd (Hrsg.): Handeln in Gymnastik, Tanz. Referate des Arbeitskreises „Handeln in Gymnastik, Tanz" vom 6. Sportwissenschaftlichen Hochschultag 1984 in Bremen. Bremen: Universität 1985.

Artus, Hans-Gerd (Red.): Der Tanz als Symbol. Bericht über das Symposium vom 23. bis 25. September 1988 in Bremen. Bremen: Universität Bremen, Publikationsstelle 1988.

Artus, Hans-Gerd (Hrsg.): Gestaltung in Tanz und Gymnastik. Symposion der Universität Bremen vom 27.-30. September 1987. Bremen: Universität Bremen 1987.

Deharde, Tai F.: Tanz-Improvisation in der ästhetischen Erziehung unter dem Aspekt ihrer Sinnhaftigkeit. Bern: Haupt 1978.

Feuerbach, Johannes: Körperbewußtsein, Bewegung und Tanz. Ein Unterrichtsversuch. Oldenburg 1980.

Fritsch, Ursula: Tanz, Bewegungskultur, Gesellschaft. Verluste und Chancen symbolisch-expressiven Bewegens. Frankfurt a.M.: AFRA-Verlag 1988.

Girke, Detlef: Tanzsport in der Schule. Eine Lehrhilfe zur Einführung der Standard- und lateinamerikanischen Tänze im Rahmen des Schulsports. Schorndorf: Hofmann 1982.

Gothot, Maria Helena; Hörburger, Christian: Tanz- und Musikspiele mit Kindern. 2. Aufl. Donauwörth: Auer 1991.

Günther, Dorothee: Der Tanz als Bewegungsphänomen. Wesen und Werden. Reinbek: Rowohlt 1962.

Hahn, Gerold: Tanz in der Schule. Wetzlar: HILF: Hessisches Institut für Lehrerbildung 1994.

Harrison, Kate: Tanz und Bewegung. Mühlheim an der Ruhr: Verlag an der Ruhr 1991.

Haselbach, Barbara (Hrsg.): Musik und Tanz für Kinder. Mainz: Schott 1990.

Haselbach, Barbara; Zeman, Hilde: Improvisation, Tanz, Bewegung. 4. Aufl. Stuttgart: Klett 1987.

Haselbach, Barbara; Zenzmaier, Stefan: Tanz und bildende Kunst. Modelle zur ästhetischen Erziehung. Stuttgart: Klett 1991.

Häusler, Walter (Hrsg.); **Becker, Ernst** (Mitarb.): Gymnastik und Tanz. Velber: Kallmeyer 1987.

Heuermann, Michael; Warning, Sophie: „Aus der Reihe tanzen ...". Pädagogisch-therapeutische Gruppenarbeit mit Tanz. 35 Stundenbeispiele. Dortmund: borgmann publishing 1995.

Kächele, Wally: Tanz und Spiele für Bewegungsbehinderte. Ein Anfängerkurs für alle, die mitmachen wollen. Niedernhausen/Ts.: Falken-Verlag.

Kappert, Detlef: Tanz zwischen Kunst und Therapie. Frankfurt a.M.: Brandes & Apsel 1993.

Kosselek, Ina und Ronald: Tanz als ganzheitliches Therapieangebot. Praxiserfahrungen und Grundlagen. München, Berlin: Pflaum 1993.

Lander, Hilda-Maria: Tanzen will ich. Bewegung und Tanz in Gruppe und Gottesdienst. München: Pfeiffer 1983.

Lander, Hilda-Maria; Zohner, Maria-Regina: Bewegung und Tanz – Rhythmus des Lebens. Handbuch für die Arbeit mit Gruppen. Mainz: Matthias-Grünewald-Verlag 1988.

Lander, Hilda-Maria; Zohner, Maria Regina: Lehrerlebnis Tanz. Meditatives Tanzen in Gruppen. Mainz: Matthias-Grünewald-Verlag 1997.

Lex, Maja; Padilla, Graziela: Elementarer Tanz. Band 1: Der Gang. Band 2: Die Arme. Die Anpassung. Band 3: Der Raum. Wilhelmshaven: Nötzel 1988.

Leye, Monika: Gymnastik, Spiel und Tanz im höheren Lebensalter. Medizinische, pädagogisch-didaktische und praktische Anregungen. Ein Handbuch für die Altenhilfe. Augsburg: Maro-Verlag 1992.

Mahler, Madeleine: Kreativer Tanz. Praktische Anleitung mit Abbildungen und Lektionsbeispielen für Schule und Studio. 6. Aufl. Bern: Zytglogge 1989.

Mahler, Madeleine: Tanz als Ausdruck und Erfahrung. 2. Aufl. Bern: Zytglogge 1992.

Mildenberger-Schwirtz, Monika: Gymnastik und Tanz. München, Wien, Zürich: BLV-Verlagsgesellschaft 1983.

Möckel, Margarete (Hrsg.): Spiel, Tanz und Märchen. Regelburg: Röth 1995.

Müller-Speer, Helene: Die pädagogischen Dimensionen von Tanz als bildender Weltaneignung. Zum Begründungszusammenhang von Tanz und Pädagogik. Bonn: Diss. 1994.

Platz, Anne-Grete; Patz, Detlef: Tanz-, Kreis- und Bewegungsspiele für drinnen und draußen. Niedernhausen: Falken 1998.

Perretet, Claude: Ausdruck in Bewegung und Tanz. Ein Handbuch der Bewegungs- und Tanzerziehung auf der Grundlage der Konzepte Rudolf von Labans. 2. Aufl. Bern: Haupt 1988.

Peter-Boländer, Martina: Tanz und Imagination. Verwirklichung des Selbst im künstlerischen und pädagogisch-therapeutischen Prozeß. Paderborn: Junfermann 1992.

Peters, Kurt (Red.): Tanz für die Schule. Köln: Deutsche Akademie des Tanzes 1987.

Probst, Werner; Vogel-Steinmann, Brigitte: Musik, Tanz und Rhythmik mit Behinderten. Regensburg: Bosse 1978.

Reichelt, Fe: Atem, Tanz und Therapie. Schlüssel des Erkennens und Veränderns. 2. Aufl. Frankfurt a.M.: Brandes & Apsel 1993.

Rosenberg, Christiana: Handbuch für Gymnastik und Tanz. Spaß an Bewegung mit Musik. 2. Aufl. Aachen: Meyer und Meyer 1993.

Schmolke, Anneliese; Tiedt, Wolfgang: Rhythmik, Tanz in der Primarstufe. Eine praktische Unterrichtsanleitung. Wolfenbüttel: Möseler 1978.

Schoenert, Karola: Zur Auswirkung von Gymnastik und Tanz auf das Bewegungsverständnis und die Bewegungserziehung im Schulsport. Bonn: Diss. 1984.

Schoop, Trudi: ...komm und tanz mit mir! Ein Versuch, den psychotischen Menschen durch die Elemente des Tanzes zu helfen. Zürich: Verlag Musikhaus Pan 1981.

Siegel, Elaine V.: Tanz- und Bewegungstherapie. Frankfurt a.M.: Fischer-Taschenbuch-Verlag 1997.

Sonntag, Gudrun: Tanz mit. Ein Kindersachbuch zum Thema moderner Tanz. Wilhelmshaven: Nötzel 1986.

Trautwein, Gisela: Sing-, Tanz- und Bewegungsspiele für Kinder und Erwachsene. Freiburg: Herder 1994.

Wosien, Marie-Gabriele: Tanz, Symbole in Bewegung. Linz: Veritas 1994.

Zimmer, Renate (Hrsg.): Spielformen des Tanzens. Vom Kindertanz bis zum Rock'n Roll. Dortmund: verlag modernes lernen, 4. Aufl. 2000.

Zimmer, Renate; Clausmeyer, Ingrid; Voges, Ludwig: Tanz, Bewegung, Musik. Situationen ganzheitlicher Erziehung im Kindergarten. Freiburg: Herder 1991.

Raum für Notizen:

Raum für Notizen:

Ben Furman
Es ist nie zu spät, eine glückliche Kindheit zu haben
◆ 2. Aufl. 2000, 104 S., Format DIN A5, br
ISBN 3-86145-173-5, Bestell-Nr. 8398,
DM/sFr 29,80, ÖS 224,–

Erich Kasten
Übungsbuch Hirnleistungstraining
◆ 1998, 240 S. (137 Übungen),
Format 16x23cm, br
ISBN 3-86145-156-5, Bestell-Nr. 8552,
DM/sFr 34,00, ÖS 255,–

Renate Zimmer (Hrsg.)
Spielformen des Tanzens
Vom Kindertanz bis zum Rock'n Roll
◆ 4., überarb. Aufl. 2000,
240 S., Format 16x23cm, br
ISBN 3-8080-0456-8, Bestell-Nr. 1129,
DM/sFr 34,00, ÖS 255,–

Ulrich Rohmann
„Manchmal könnte ich Dich ..."
Auch starke Kinder kann man erziehen, man muß nur wissen wie!
So erziehe ich spielerisch mit Freude
◆ 2. Aufl. 1999, 142 S., Format DIN A5, br
ISBN 3-86145-174-3, Bestell-Nr. 8399,
DM/sFr 29,80, ÖS 224,–

Lilo Schmidt
Stubenhocker und Zappelphilipp
Zwei außergewöhnliche Kinder in der Mototherapie
◆ 2., verb. Aufl. 2000, 136 S., 47 Farbfotos,
Format DIN A5, br
ISBN 3-8080-0465-7, Bestell-Nr. 1185,
DM/sFr 29,80, ÖS 224,–

Silke Schönrade / Günter Pütz
Die Abenteuer der kleinen Hexe
Bewegung und Wahrnehmung beobachten, verstehen, beurteilen, fördern
◆ 2000, 208 S., farbige Abb., Format 16x23cm, gebunden, ISBN 3-86145-154-9,
Bestell-Nr. 8391, DM/sFr 39,80, ÖS 299,–

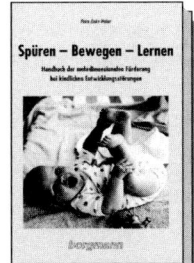

Haben Sie sich schon in unsere Kundendatei aufnehmen lassen?

Petra Zinke-Wolter
Spüren – Bewegen – Lernen
Handbuch der mehrdimensionalen Förderung bei kindlichen Entwicklungsstörungen
◆ 4., völlig überarb. Aufl. 2000, 312 S.,
Format 16x23cm, gebunden
ISBN 3-86145-191-3, Bestell-Nr. 8105,
DM/sFr 44,00, ÖS 330,–

Veronika Struck / Doris Mols
Atem-Spiele
Anregungen für die Sprach- und Stimmtherapie mit Kindern
◆ 2. Aufl. 1999, 264 S., mit farbigem Register, Format 17x24cm, Ringbindung
ISBN 3-8080-0420-7, Bestell-Nr. 1911, DM/sFr 44,00, ÖS 330,–

Herbert Steiner
Gemeinsam gestalten
Arbeitsbuch zur integrativen Kreativitätsförderung
◆ 4., verb. Aufl. 2000, 224 S.,
Format 16x23cm, gebunden,
ISBN 3-86145-203-0,
Bestell-Nr. 8600,
DM/sFr 48,00, ÖS 360,–

Birgit Jackel
Das Netzwerk des Lernens aus neurophysiologischer Sicht
mit didaktischen Konsequenzen für Kindergarten und Grundschule
◆ 2000, 184 S., durchgehend farbig,
Format DIN A5, br, ISBN 3-86145-202-2,
Bestell-Nr. 8131, DM/sFr 29,80, ÖS 224,–

Antje Zimmermann
Ganzheitliche Wahrnehmungs-Förderung bei Kindern mit Entwicklungsproblemen
Möglichkeiten der sensomotorischen Integration – Ein Überblick
◆ 2. Aufl. 2000, 192 S., Format 16x23cm, br
ISBN 3-8080-0426-6, Bestell-Nr. 1183,
DM/sFr 38,00, ÖS 285,–

 verlag modernes lernen *borgmann publishing*

Hohe Straße 39 • D-44139 Dortmund • Tel. (0180) 534 01 30 • FAX (0180) 534 01 20
http://www.verlag-modernes-lernen.de • e-mail: info@verlag-modernes-lernen.de

Thema: Tanz

Michael Heuermann / Sophie Warning
„Aus der Reihe tanzen ..."

Pädagogisch-therapeutische Gruppenarbeit mit Tanz – 35 Stundenbeispiele
1995, 132 S., viele sw-Fotos,
Format 16x23cm, br
ISBN 3-86145-097-6
Bestell-Nr. 8535, DM 32,00

Michael Heuermann
**Geträumte Tänze –
Getanzte Träume**
Entspannung, Phantasiereisen, Bewegung und Tanz
2. Aufl. 1995, 144 S., mit sw-Fotos,
Format 16x23cm, br, ISBN 3-86145-051-8
Bestell-Nr. 8530, DM 38,00

Renate Zimmer (Hrsg.)
Spielformen des Tanzens
Vom Kindertanz bis zum Rock'n Roll
4., verb. Aufl. 2000, 240 S., Format 16x23cm, br, 3-8080-0456-8
Bestell-Nr. 1129, DM 34,00

Portofreie Lieferung und kostenloses Gesamtverzeichnis:

verlag modernes lernen *borgmann publishing*

Hohe Straße 39 • D-44139 Dortmund • ☎ (0180) 534 01 30 • FAX (0180) 534 01 20